Karin Schwind

Vier Frauen auf zwölf Beinen

Eine Reise mit tierischen Herausforderungen

Sorriso

VERLAG

Impressum

© 2015 sorriso Verlag GmbH, Radolfzell am Bodensee

Lektorat: Dr. Ulrike Brandt-Schwarze
Korrektorat: Bianca Weirauch
Layout, Umschlaggestaltung und Satz:
KONTRASTE – Graphische Produktion, Björn Fremgen
Druck und Bindung: booksfactory.de

ISBN: 978-3-946287-56-8
1. Auflage 2015

Dieses Buch ist auch als E-Book erhältlich.
www.sorriso-verlag.com

Jetzt Teil der sorriso community werden unter:

Bildnachweis:
© alle Fotos im Buch: Anette Bengelsdorf
© Umschlagfoto Cover Esel: Eric Isselee / 123rf.com
© Umschlagfoto Rückseite Mohnblume: mch67 / 123rf.com
© Federzeichnung: Len Neighbors / 123rf.com
© Hintergrund Kapitelanfangsseiten: binik, fotolia.com
© Autorenfoto: Karin Schwind, Fotograf: Pragash Irudayam

Aller Anfang ist leicht!

„Du bist schon ein bisschen verrückt!"

Aller Anfang ist leicht...

„**D**u bist schon ein bisschen verrückt!", sagt meine Freundin Ellen und grinst mir frech ins Gesicht.

„Klar, deshalb verstehen wir uns auch so gut!" Ich grinse frech zurück.

Ich halte Robert Louis Stevensons „Reise mit einem Esel durch die Cevennen"[2] in der Hand, das Buch, mit dem alles vor ein paar Monaten angefangen hatte, und lese ihr daraus vor:

„So war denn ein Lasttier zu beschaffen. (…) Was ich brauchte, mußte billig, klein und ausdauernd sein und eine gleichmütige, friedliche Natur haben. Und bei all diesen Anforderungen kam nur ein Esel in Frage."[3]

„Und wie wollt ihr einen gleichmütigen, friedlichen Esel finden?" Ellen schaut mich fragend an: „Die sind doch alle eher störrisch und eigensinnig, oder? Ich stelle mir das schwierig vor, wenn ihr da mitten in den fast menschenleeren Cevennen unterwegs seid und der Esel keine Lust mehr hat, euer Gepäck zu tragen!"

„Ach, alles halb so wild!", gebe ich betont locker zurück. „Erstens haben Anette und ich im Internet eine sehr nette Esel-Vermieterin gefunden, deren Tiere das Wandern gewohnt sind, und zweitens haben wir im März hier am Bodensee schon eine Probewanderung mit einem Eselbesitzer gemacht."

17. März, Andelshofen bei Überlingen

Anette, meine zukünftige Wanderbegleiterin, parkt direkt neben dem Eselstall. Das Gras auf den Wiesen rundherum ist bereits saftig grün, die Sonne scheint, ein mildes Lüftchen weht. Sancho und Pancho, die beiden Esel, die wir bisher nur von den Fotos im Internet kannten, strecken ihre Köpfe neugierig aus dem Stall. Auch Andres, der Besitzer, ist schon da und begrüßt uns herzlich. Dann geht es gleich zur Sache: das Fell gut striegeln, damit unter dem Sattel nichts scheuert, die Hufe ordentlich auskratzen, damit sich dort kein Steinchen festsetzt und drückt, schließlich satteln. Die Packtaschen zu beiden Seiten sollten etwa gleich schwer sein, damit alles im Gleichgewicht bleibt und nichts verrutscht. Heute wiegen sie so gut wie nichts, haben wir doch für jeden nur eine Wasserflasche und etwas Obst eingepackt. Und schon geht's los!

Überall sprießen die ersten leckeren Kräuter und ziehen die Eselmäuler magnetisch an. Wir bleiben streng – gefressen wird später. Und so fallen Sancho und Pancho bald in einen gleichmäßigen Rhythmus, wir schließen uns ihnen an und fühlen uns geradezu meditativ entspannt. Nur die Hunde, das Damwild im Gehege und die Kühe bringen uns ab und zu ein wenig aus der Ruhe – die Überquerung der viel befahrenen Bundesstraße, der kleinen Brücken und auch eine Unterführung meistern die Esel gekonnt. Sie sind verkehrssicher. Dennoch weist uns Andres auf mögliche Gefahren und Risiken beim Wandern mit Eseln hin, und ich frage mich, ob die zwei Wochen in den Cevennen auch so meditativ entspannt werden. Vor allem, weil wir dann ohne Eselbesitzer auf uns allein gestellt sein und nicht nur zwei Wasserflaschen in den Packtaschen haben werden.

Am späten Nachmittag sitze ich mit Anette im Café. Ich freue mich darauf, zwei Wochen mit ihr unterwegs zu sein. Sie ist handfest und frei heraus, hat sich durch fremde Länder und Wüsten geschlagen und erweist sich auch bei der weiteren Planung als routiniert. Wir bestellen Reiseführer und Wanderkarten, schauen uns Höhenprofile an und legen Tagesetappen fest. Schließlich buchen wir einen Esel: allerdings teuer und groß – wie ausdauernd und gutmütig, wird sich herausstellen.

27. August, Friedrichshafen

Das Zelt ist verpackt, der Kochlöffel abgesägt, die Haare kurz geschnitten, die Kocher-Varianten-Diskussion beendet, die endgültige Etappenliste geschrieben, das Flugticket gefunden. Eine letzte Mail an unsere Eselvermieterin ist abgeschickt:

Chère Marie-Ange, nous arriverons demain 16:20 à Langogne. Nous avons 35 kilo de bagages, parce que nous avons décidé de faire le camping. J'espère, ce n'est pas trop lourd et trop volumineux...?

A demain, Anette

Liebe Marie-Ange, wir kommen morgen um 16.20 Uhr in Langogne an. Wir haben 35 Kilo Gepäck, weil wir beschlossen haben zu zelten. Ich hoffe, das ist nicht zu schwer und zu voluminös...?

Bis morgen, Anette

Hinein ins Abenteuer

Friedrichshafen – Flughafen Zürich – Flughafen Lyon – Nîmes – Langogne

28. August, Flughafen Zürich, zwölf Grad

Halb sechs Uhr morgens – noch will ich eher träumen, als mich der üblichen Abflugroutine hinzugeben. Doch ich suche mein Flugticket heraus, leere brav meine Wasserflasche und stelle mich am digitalen Ticketschalter an. Als ich endlich an der Reihe bin, funktioniert meine Eingabe nicht. Ich winke eine nette Dame in Uniform herbei. Sie ist wohl schon wacher als ich, jedenfalls klappt es bei ihr auf Anhieb, und so ziehen wir weiter zur Gepäck-Aufgabe und stehen endlich vor dem Security-Check. Ich hasse es, dieses Hosengürtelausfädeln, Taschenleeren und Kontrolliertwerden. Anette hat es noch schlimmer erwischt, sie wird zur Extrakontrolle hinausgewunken. So nehme ich am Ende des Fließbandes auch ihr Gepäck in Gewahrsam und denke laut: „Wo ist hier eigentlich die Sicherheit?"

Wenn man allein reist, kann das frauenlose Gepäck doch wunderbar gestohlen werden, während die unbescholtene Bürgerin im Visier der Kontrolleure ist.

Schließlich setzen wir uns in der Wartehalle mangels freier Plätze einfach auf den Boden. Hinter den riesigen Scheiben wechselt der Himmel langsam von dunkelschwarz nach rötlich hell.

Zwanzig vor sieben – Während Anette versucht, sich durch den Wirtschaftsteil eines herumliegenden *Le Figaro* zu kämpfen, kribbelt in meinen Füßen die Unruhe. Gerne würde ich jetzt loslaufen und erfahren, wie das ist, mit einem Esel zwei Wochen lang durch eine fast menschenleere Gegend zu wandern, und herausfinden, ob wir uns vertragen, ob meine Idee gelingt. Doch vorerst muss ich das tun, was ich am wenigsten mag: warten!

Warten ist Nichtstun – das gefällt mir nicht. Also tue ich etwas und beobachte, was die Menschen um mich herum machen, während sie warten: Sie stehen in der Schlange, dösen, essen, treten von einem Bein auf das andere, sitzen auf dem Schoß bei Mama oder Papa und schmusen. Sie lesen Zeitung oder ein Buch, schnarchen, hängen im Sessel, schauen auf die Anzeigetafel, holen sich einen Kaffee, spielen mit dem Handy, holen sich einen zweiten Kaffee, packen ihr Vesper aus, halten Händchen, starren ins Leere, blättern in Magazinen oder träumen vor sich hin. Ich bin erstaunt, denn das scheinbare Nichts-Tun ist aktives Tun! Und auch ich habe eine Beschäftigung gefunden, die mir die Zeit verkürzt.

Viertel vor acht – Abflug. Endlich! Ich liebe dieses Gefühl: die Kraft im Rücken, die mich in den Himmel hebt, einem neuen, oftmals unbekannten Ziel entgegen. Ich atme aus … das bekannte „Über den Wolken" strahlt mit seiner „grenzenlosen Freiheit" zum Fenster herein, und zusammen mit den schneeweißen Gipfeln und dem blauen Himmel schiebt es mich sanft in den Tagtraum hinein, wie alles anfing:

Im vergangenen Herbst hatte ich Stevensons „Reise mit einem Esel durch die Cevennen" geschenkt bekommen und abends beim Lesen, eingekuschelt in meine warme Bettdecke, war plötzlich dieses Gefühl da: Auf den Spuren dieses Schriftstellers, den ich bisher nur durch seinen berühmt gewordenen Roman „Die Schatzinsel" kannte, wollte ich mit einem Esel unterwegs sein!

Ich sah mich über sanfte Hügel wandern mit einem netten, friedlichen Esel an meiner Seite, der bereitwillig mein Gepäck über Stock und Stein trug. Ich sah mich an einem Fluss sitzen und über das Verrinnen der Zeit sinnieren. Ich sah mich terminkalenderbefreit und uhrenlos von Ort zu Ort wandern, eintauchend in eine fast menschenleere Landschaft und nur mit dem Wind in den Haaren und der Sonne im Gesicht meiner Sehnsucht folgend.

Der Duft von Kaffee und ein Stückchen Schweizer Schoggi, das mir die Stewardess unter die Nase hält, bringen mich zurück ins Hier und Jetzt, und mir wird klar, dass ich nun tatsächlich auf dem Weg bin, um diese verrückte Idee Wirklichkeit werden zu lassen. Und dass ich tatsächlich eine Frau gefunden habe, die genauso verrückt ist wie ich und nun neben mir sitzt und versucht, ihre silbergraue Lockenmähne mit einem Haarband zu bändigen: Anette. Wassersport – und Reisejournalistin, gelernte Segelmacherin, in der Welt zu Hause, in der Wildnis erfahren.

Sie war die Einzige von meinen Freunden, die sich nicht an den Kopf gegriffen hat, als ich von meinen Plänen erzählte. Im Gegenteil: Sie war sofort Feuer und Flamme, als ich sie fragte, ob sie nicht mitkommen wolle – schließlich brauchte ich eine Fotografin an meiner Seite und jemanden, der bereit war, nicht nur zwei Wochen lang zu Fuß bergauf und bergab unterwegs zu sein, sondern dabei auch noch einen Esel mitzunehmen. Anette, so fand ich, war genau die Richtige, hatte sie doch schon alle Kontinente bereist, war auf den Philippinen gesurft, hatte sich mutig in Südamerika einen Wasserfall hinuntergestürzt, zwei Jahrzehnte im islamischen Ausland gelebt und zusammen mit mir und unseren Partnern so manchen Gipfel erklommen. Sie toppte meine laienhaften Fotos mit hervorragenden Aufnahmen und außerdem wollte ich, im Gegensatz zu Stevenson, nicht einsam durch die Cevennen streifen.

„Sag mal, Anette, hat Marie-Ange eigentlich auf deine Mail geantwortet? Ich bin immer noch unsicher, ob wir unser Gepäck in diese Esel-Packtaschen überhaupt reinbekommen."

„Ja, hat sie. Sie holt uns vom Bahnhof ab. Ansonsten hat sie was von einer Lösung für unser Gepäck geschrieben, von einer *surprise*, einer Überraschung, die sie für uns hätte."

„Oje, sie will uns doch hoffentlich nicht einen zweiten Esel mit auf die Wanderung geben?"

„Keine Ahnung, kann schon sein. Wie wir das dann machen, weiß ich auch noch nicht. Wir hatten ja eigentlich abgemacht, dass immer eine von uns den Esel führt, damit die andere Zeit hat, zu fotografieren, zu schreiben und der Esel sich nicht daran gewöhnt, alle fünf Minuten wegen uns stehen zu bleiben."

Die Ansage des Piloten unterbricht unsere Überlegungen. Der Landeanflug beginnt.

Halb neun – Flughafen Lyon. Während die meisten Menschen ihre wunderbaren Rollkoffer vom Band heben und sich flott und „unbeschwert" auf den Weg machen, schleppen wir unsere wasserdichten Packtaschen à 18 Kilogramm.

Was kann man auch mit einem Rollkoffer oder einem großen Rucksack auf einer Eselwanderung anfangen? Wir hatten nach Behältnissen gesucht, die wir zusammenfalten und in den Eselpacktaschen verstauen konnten. Nun aber haben wir festgestellt, dass die Gepäckwagen mit unseren großen Taschen nicht durch die Absperrungen passen – wir müssen alles tragen.

Endlich stehen wir auf dem Bahnsteig des Rhône-Express, steigen ein, lassen uns in die Sitze fallen und fahren zum Hauptbahnhof. Nachdem wir unsere Siebensachen bei der dortigen Gepäckaufbewahrung abgegeben haben, sind wir im wahrsten Sinne des Wortes erleichtert.

Doch es gilt, gleich noch ein zweites Problem zu lösen: Wir brauchen eine Gaskartusche für unseren Campingkocher. Hatten wir doch, allen umweltverträglichen Überlegungen zum Trotz, das Flugzeug gewählt, da ein Bahnticket viermal so teuer gewesen wäre. Außerdem, so beruhigten wir unser ökologisches Gewissen, wollten wir uns schließlich in den kommenden zwei Wochen nur zu Fuß fortbewegen und dabei jede Menge Energie einsparen. Doch wer fliegt, darf keine Gaskartuschen im Gepäck haben, und so machen wir uns in Lyon auf die Suche nach einem entsprechenden Geschäft. Wir haben Glück: Gleich neben dem Bahnhof finden wir ein *Centre Commercial*, ein Einkaufszentrum, mit einem Haushaltswarenladen.

Ich zeige der Verkäuferin das Foto auf meinem Handy, und sofort weiß sie, was ich suche. Drei Regale später halte ich zwei Gaskartuschen in der Hand und stehe schon wieder an der Kasse. Ein Bild sagt eben mehr als tausend Worte!

Wir haben noch ein bisschen Zeit, bevor es mit dem Zug weitergeht nach Nîmes. So bummeln wir durch die Straßen, genießen einen Salad-to-go im Parc Jeanne Jugan und entdecken auf Plakaten den Sommer-Slogan der Stadt Lyon: *„Laissez-vous surprendre!* Lassen Sie sich überraschen!" Noch ahnen wir nicht, welche Bedeutung dieser Satz in den nächsten zwei Wochen für uns haben wird.

Viertel nach eins – tausche 12 Grad nieselgraues Zürich gegen 30 Grad sonnenblaues Nîmes.

Ich stehe auf dem Bahnsteig mit unserem Gepäck, während Anette sich auf die Suche nach dem richtigen Gleis für unsere Weiterfahrt macht. Ein Zug fährt ein. Als alle ausgestiegen sind, bleibt eine junge Frau in der offenen Waggontür stehen und sonnt sich. Ihre dunkle Haut glänzt im warmen Licht, ich bin fasziniert von ihrer Lockenpracht und ihrer farbenfrohen Kleidung. Sie bemerkt, dass ich sie beobachte. Einen Moment lang schauen wir uns in die Augen und verstehen uns wortlos. Nach wochenlangem Regen lechzen die Menschen nach jedem noch so kleinen Sonnenstrahl.

ERKENNTNIS DES TAGES

Vier Augen, zwei Blicke, ein Herz – Menschen verstehen sich wortlos über alle Hautfarben und Grenzen hinweg.

„Gleis 3!", ruft Anette und reißt mich aus meinen Gedanken. Wir schleppen unser Gepäck zwei Bahnsteige weiter.

„Ist es nicht erstaunlich, wie viele verschiedene Geschwindigkeiten unsere Reise hat?" Ich schaue Anette fragend an.

Sie nickt. „Klar, vor ein paar Stunden sind wir noch mit knapp 900 km/h über die Wolken hinweggedüst, dann ging es weiter mit dem Schnellzug und gleich sitzen wir in einem Bummelzug."

Wenig später zieht die Landschaft der Cevennen an uns vorbei, das Wasser des Allier glitzert uns durch die Scheiben entgegen. Spätestens morgen werden wir unsere Reisegeschwindigkeit noch einmal drastisch verringern und nur noch im gemütlichen Eseltrott diese Landschaft erwandern. Ludwig I. von Bayern, anfangs ein Befürworter der Eisenbahn, beklagte 1854 das Tempo der Menschen: „Einer eingepackten, willenlosen Ware gleich (…) schießt durch die schönsten Naturschönheiten der Mensch, Länder lernt er keine mehr kennen." Und in einem Brief des Königs von 1856 heißt es: „'Der Duft der Pflaume ist weg', äußerte mir bereits 1827 Goethe."[4]

Was würde dieser wohl heute zu Flugzeug und ICE sagen? Und werden wir den „Duft der Pflaume" entdecken? Werden wir auch innerlich zur Ruhe kommen, langsamer werden, die Landschaft in ihren Details präziser wahrnehmen, auch *uns* mehr spüren, in uns hineinhören können in der Stille dieser endlosen Weite?

Viertel nach fünf – endlich Langogne. Wir schleppen unser Gepäck durch die Bahnhofshalle und stellen die Taschen draußen auf dem Vorplatz ab. Erschöpft und verschwitzt halten wir Ausschau nach Marie-Ange, unserer Eselvermieterin. Da kommt sie schon mit dem Auto um die Ecke gesaust, hält vor unserer Nase an, springt heraus und begrüßt uns mit einem herzlichen *Salut!*

Strähnen ihres blonden Haares hängen ihr wild ins Gesicht, die hochgekrempelten Ärmel ihrer Bluse zeigen braungebrannte Unterarme, die das Arbeiten gewohnt sind. So habe ich mir einen Menschen vorgestellt, der jahrelang in der Weite der Mongolei Pferderennen organisiert hat und nun wieder in seinem Heimatland angekommen ist, um aus einem geerbten Gehöft etwas Sinnvolles zu machen.

Wir sind froh, dass Marie-Ange lange in Berlin und am „wunderbarischen" Bodensee gewohnt hat und unser leidliches Französisch mit einem weitaus besseren Deutsch ergänzen kann.

„Wie machst du das, dass die so sauber aussehen?", fragt sie und zeigt auf meine Wanderschuhe.

Ich schaue zuerst auf meine, dann auf ihre Schuhe. „Wahrscheinlich sehen die so aus, weil ich mit ihnen eher wandern gehe als zum Ausmisten in den Stall", erkläre ich lachend.

Geschickt verstaut Marie-Ange unsere riesigen Packtaschen in ihrem winzigen Kofferraum. Dann quetsche ich mich auf die Rückbank eines Autos, das sicherlich noch nie eine brav-bürgerliche Samstagmorgen-Aussaugaktion erlebt hat, und finde mich zwischen Plastiktüten und Hufkratzern, deformierten Müsliriegeln und Resten von Heu und Stroh wieder.

Wir plaudern in deutsch-französischem Mischmasch, tauschen Informationen aus und halten schließlich vor einem Supermarkt.

„Kauft ordentlich ein", rät uns Marie-Ange. „Auf eurer Wanderstrecke gibt es viele verlassene Weiler ohne Laden oder Bäckerei."

In den endlosen Gängen dieses fremden Supermarktes sind Anette und ich froh, dass wir ähnliche Essgewohnheiten haben. So kaufen wir Äpfel und Birnen, Datteln und Feigen zum Frühstück und für zwischendurch, Merguez und Zucchini für die Pfanne gleich heute Abend, Brot und Kekse und ein paar Dosen Sardinen als Notration.

„Was meinst du, Anette, wie viel Kilo Kaffee sollen wir nehmen?"

Herausfordernd schaue ich sie an. Ich kenne schließlich ihre Leidenschaft für Kaffee. Doch sie lässt sich nicht von mir ärgern.

„Du willst doch schreiben, oder?", kontert sie. Denn auch sie kennt mich und meine Angewohnheit, mich gerne mit einer guten Tasse Kaffee an meine Schreibprojekte zu setzen.

Als wir endlich an der Kasse stehen, fühlen wir uns ziemlich unsicher. Wird das bis zur nächsten Einkaufsmöglichkeit reichen? Wird es in den kleinen Dorfläden, die wir in unserer Excel-Tabelle eingetragen haben, überhaupt frisches Obst und Gemüse geben? Finden wir zur Not einen Bauern, bei dem wir etwas kaufen können, so wie Stevenson seinerzeit? Es sollte für die nächsten zwei Wochen tatsächlich das letzte Mal sein, dass wir einen Supermarkt betreten.

Gegen Abend sind wir in Le Plagnal auf dem Hof von Marie-Ange angekommen, endlich sehen wir die Esel: zwanzig kleine und große

Langohren. Mein Blick bleibt völlig fasziniert an zwei besonderen Eselsohren hängen: Ich schätze sie jeweils auf gut vierzig Zentimeter. Noch nie habe ich Eselsohren gesehen, von denen lange, dunkelbraune, zottelige Haare herabhängen. Ein *Baudet de Poitou* sei das, erzählt Marie-Ange und streicht dem Tier über den Hals. Die Poitou-Esel seien eine gefährdete Großeselrasse, die man schon seit dem 11. Jahrhundert kennt und die früher in Südwestfrankreich verbreitet war. Heute gebe es nur noch 600 von ihnen und man habe wieder angefangen, sie zu züchten ...

Ich höre schon nicht mehr zu, denn aus dem Unterstand kommt ein staksig-wackeliges Eselfohlen heraus, schwarz mit weißer Nase. Mit einem einzigen Wimpernschlag erobert es mein Herz, und so schiebe ich meine Hände in das Kuschelfell, kraule Hals und Ohren, während sich von hinten plötzlich etwas an meine Unterschenkel schmiegt: Wie ich erfahre, ist das Baloo, ein *Gros Patou,* der uns mit wedelndem Schwanz begrüßt.

„Hier ist ja einer kuscheliger als der andere!", rufe ich begeistert.

„Ja, und hier ist eure Überraschung: Ich werde euch zwei Esel mit auf die Wanderung geben.

Darf ich vorstellen: Wapa, erfahren im Wandern, intelligent, liebevoll und verschmust. Manchmal ist sie eine Schauspielerin. Sie könnte durchaus eure 36 Kilogramm Gepäck alleine tragen, aber das bekommt ihr nicht in den zwei Packtaschen unter. Deshalb darf Coquelicot[5] – das heißt auf Deutsch Mohnblume – noch mit euch wandern. Sie ist recht zierlich, aber ihr werdet staunen. Sie begleitet die Wanderer mit einer Kraft und einem Willen – das traut man ihr gar nicht zu!"

Mit diesen beiden unwiderstehlichen Begleiterinnen werden wir uns also nicht nur auf die Spuren von Stevenson begeben, sondern auch auf die Spuren einer alten Tradition: Die *Ânes de Provence* (Esel der Provence) waren schon im 15. Jahrhundert an der Seite der Hirten unterwegs, die mit ihren Schafherden umherzogen. Sie wählten die Esel aufgrund ihres ruhigen, ausgeglichenen Temperaments; deren Aufgabe war es damals, den Proviant der Hirten zu tragen, das Salz für die Schafe oder auch schon mal neugeborene Lämmer. Auch für Anette und mich sollen die beiden Damen Proviant und Gepäck tragen: Wapa etwa zweimal zwölf Kilogramm, Coquelicot zweimal vier. Wir streicheln die Tiere und schmusen mit ihnen, freunden uns mit den beiden an und überlegen bereits, wie wir unser Gepäck sinnvoll auf die vier Satteltaschen verteilen sollen, die uns Marie-Ange in die Hand drückt.

Neben uns sprudelt Wasser aus einem Rohr in ein Holzbecken, das den Tieren als Tränke dient.

„Das ist unsere Quelle, davon kannst du trinken", ermutigt mich unsere Eselvermieterin.

Weil ich von der langen Reise sehr durstig bin, lasse ich mir das nicht zwei Mal sagen, ziehe gleich einen halben Liter Quellwasser ab und genieße dieses frische, klare Wasser, nicht ahnend, dass es mit der gleichen Temperatur später mein Duschwasser sein wird.

Die schmalen Straßen hier haben keine Fahrbahnmarkierung, kommen ohne Schilder, Leitpfosten, Blitzer und scheinbar auch ohne Autos aus ... einsam und ruhig sind sie. Im Schutz einiger Ebereschen bauen wir auf einer kleinen Wiese unser Zelt auf. Sie ist umgeben von einer hüfthohen Steinmauer, die wir als Tisch benutzen, um das Essen zuzubereiten: Während ich auf unserem Gaskocher Merguez und Zucchini brate, schneidet Anette das Brot auf. Laut schnatternd tauchen die drei Gänse von Marie-Ange auf, kommen dreist immer näher und näher. Anette greift zur Kamera, macht Foto um Foto von diesen wunderschönen Tieren. Doch ich muss mit einem kräftigen „Schiiii" immer wieder unser Brot verteidigen. Zum Glück ruft Marie-Ange nach den Gänsen, denn sie hat das Futter für die drei zurechtgemacht, und außerdem sollen sie die Nacht im sicheren Stall verbringen. So können wir in Ruhe essen, während uns abendliche Stille umhüllt.

Beim Essen diskutieren wir das Thema Packen. Auf vier Packtaschen soll alles, was wir in den nächsten zwei Wochen benötigen, verteilt und verstaut werden. Wir versuchen, ein System zu entwickeln, denn schließlich wollen wir nicht jeden Morgen von vorne anfangen mit dem Abwägen und Ausbalancieren. So planen wir für Coquelicot lediglich die leichten Schlafsäcke und Isomatten sowie einen Teil der Kleidung. Wapa soll den Proviant, das Kochgeschirr und das Zelt tragen. Ihre Fotoausrüstung will Anette zur Sicherheit lieber im eigenen Rucksack bei sich haben. Schließlich wissen wir nicht, wie das wird mit den Eseldamen. Mir fällt Stevenson ein, der enorme Probleme mit seinem rutschenden Gepäck hatte – ob wir es wohl besser hinbekommen?

Noch zu Hause haben wir sorgfältig geplant und gewogen: Welche Teller und Tassen nehmen wir mit, welchen Kochtopf, welche Pfanne? Lieber das Print-Buch aus Papier oder das E-Book, das nichts wiegt? Den Kochlöffel noch absägen, damit er leichter wird, den Laptop gegen Notizbuch und Stift eintauschen? Wir haben nach einem Kompromiss zwischen wenig Gepäck, leichtem Gewicht und einer

Ausstattung gesucht, die uns dennoch arbeitsfähig machen sollte – Anette als Fotografin, mich als Schreibende. Schließlich enthielt Anettes Fotorucksack mehrere Objektive und ein Stativ, und ich hatte mein faltbares Solarladepanel mit im Gepäck. Auch wenn ich mich gegen den Laptop entschieden hatte, so musste doch immerhin das Handy aufgeladen werden, denn dort hatte ich unsere Wanderkarten und meine Stevenson-Texte gespeichert.

Immer wieder stellten wir uns die Frage: Was brauchen wir WIRK-LICH? Einen Beautycase besitzen wir beide nicht, und das „kleine Schwarze" darf bei einer derartigen Wanderung zu Hause im Schrank bleiben. Auch auf den Föhn wollten wir verzichten, sollte doch der Wind die Haare trocknen. Dennoch wollten wir nicht ganz so minimalistisch ausgestattet sein wie Simone de Beauvoir auf ihren Wanderungen: „Ich habe mir nie eine klassische Ausrüstung ange-schafft (…). Ich zog ein altes Kleid an, Segelschuhe und nahm in einer Strohtasche ein paar Bananen und *Brioches* mit."[6]

Die französische Schriftstellerin, Philosophin und Feministin (1908-1986) war während ihrer Zeit als Philosophielehrerin in Mar-seilles im Herbst 1931 jede Woche auf Küsten- und Wanderwegen rund um die Stadt unterwegs. Wild sei die Landschaft gewesen, aber leicht zugänglich, erzählt sie und beschreibt, wie sie der Langeweile entfloh, wie sie versuchte, die Sehnsucht zu stillen und den trüben Gedanken davonzulaufen.

Nun, wir haben weder trübe Gedanken, noch plagt uns die Lange-weile, doch eine Sehnsucht stillen, das wollen auch wir: die Sehnsucht nach frischer Luft und Gras unter den Füßen, die Sehnsucht nach einem Stück Freiheit, gemischt mit einer Prise Abenteuer, aber auch nach Ruhe und Stille, nach einer Zeit ohne Terminkalender, ohne Zeitdruck. Wir wollen die Faszination des Weitwanderns erleben und uns von Literatur und Landschaft gleichermaßen anregen lassen.

Nachdem unser Packplan für den nächsten Morgen steht, gehe ich mit „In-die-Flasche-aus-der-Flasche" duschen. Das heißt, ich fülle zunächst oben an der Quelle zwei Trinkflaschen mit eiskaltem Wasser, verschwinde zum Ausziehen hinter einem Busch, nutze die erste Flasche, um mich nass zu machen, seife die „wichtigen" Stellen ein und spüle mit dem Inhalt der zweiten Flasche nach. Diese Technik hatte sich bereits auf früheren Touren bewährt und jedes Mal war ich überrascht, mit wie wenig Wasser frau sich sauber bekommt. So auch dieses Mal. Natürlich träume ich als ausgesprochene Warmduscherin von einer anderen Temperatur meines Duschwassers, denn die Sonne ist bereits untergegangen und auf 1200 m zaubert mir die hereinbrechende Nacht eine ordentliche Gänsehaut auf den ganzen Körper. Aber ungeduscht mag ich nicht in den Schlafsack krabbeln, da müsste ich schon in der Wüste oder an Orten sein, wo es kein oder nur ganz wenig Wasser gibt. So trockne ich mich flott ab, kuschle mich zwischen die flauschigen Federn meiner „mobilen Bettdecke" und hänge meinen Gedanken nach.

Ja, ich will mit allen Sinnen unterwegs sein, den Weg, den Stevenson gegangen ist, entlangwandern, erspüren, nicht nur lesen, was er geschrieben hat, und mich anregen lassen von der Natur. Ich will mich einlassen auf einen Weitwanderweg, von Ort zu Ort unterwegs sein, ohne Auto. Ich möchte alle Details in Ruhe wahrnehmen: riechen, beobachten, lauschen, den Boden unter den Füßen spüren ... und vor allem auch das Erlebte in Bezug setzen zu anderen Schriftstellern, die wanderten *und* schrieben, sich anregen ließen von fremden Ländern, unbekannten Menschen, neuen Horizonten. Gustave Flaubert mit seinen Reisetagebüchern ist einer von ihnen, auch Goethe mit seiner „Italienischen Reise" oder Hermann Hesse.

Schon lange fasziniert mich diese Kombination aus Reisen und Schreiben. Daher habe ich vor Jahren angefangen, den Schreibtisch mit anderen Orten einzutauschen. Ich schrieb in Cafés, auf Hafenmauern oder auf Parkbänken, ich schrieb auf Bahnhöfen, in der Caldera auf La Palma, auf dem Sentiero dei fortini auf Capri, und es machte mir zunehmend Freude, mit Schreiborten zu experimentieren. Ganze Texte entstanden im Gehen, beim Wandern; ich tippte sie abends „nur" noch ab, um ihnen anschließend den letzten Schliff zu geben. Besonders faszinierten mich die Metaphern, die ich draußen in der Natur für den Schreibprozess fand, etwa die Parallele zwischen Wanderrhythmus und Satzrhythmus.

Während ich über meine Reiseabsichten nachdenke, komme ich langsam zur Ruhe. Außer meinen eigenen Gedanken höre ich nur noch ein paar Grillen, die zirpen, und einen unbekannten Nachvogel, der schreit … Tut das gut!

„Heute sind zwei Zweibeine angekommen. Mein Eselsinn sagt mir, dass ich morgen wieder auf Wanderschaft gehen darf. Es kribbelt schon in den Hufen, in den Ohren und in der Schwanzspitze. Ich spüre es genau. Wie sie sich wohl anstellen werden, die beiden?

Eure Coquelicot"

Hast du auch schon mal auf Reisen geschrieben?
Bei welcher Gelegenheit könntest du es mal ausprobieren?

_____

_____

_____

_____

_____

_____

_____

_____

_____

_____

Irgendwie habe ich mir das einfacher vorgestellt

Le Monastier-sur-Gazeille – Le Cluzel –
Courmarcès – Saint-Martin-de-Fugères – Goudet

29. August, La Plagnal, acht Grad, grau bedeckter Himmel

Wir haben beide schlecht geschlafen, Anette und ich. Während der Abenddämmerung war es vollkommen still geworden, und ich hatte mich schon auf eine ruhige Nacht ohne Autolärm gefreut. Leider hatte ich die Rechnung ohne das durchdringende Geschrei des seltsamen Nachtvogels gemacht, der uns mehrmals aus dem Schlaf riss und keine Ruhe geben wollte. Dennoch, wir mussten und wollten früh los.

Das hieß: in der Morgendämmerung den kleinen Gaskocher anknipsen, Kaffeewasser aufsetzen, Katzenwäsche machen, Schlafsack einrollen und Zelt abbauen, Packtaschen packen und dabei immer an die optimale Verteilung des Gewichts denken.

Gegen halb acht taucht Marie-Ange mit Allrad und Hänger auf, verlädt Wapa und Coquelicot sowie unser Gepäck, und schon geht es los Richtung Le Monastier-sur-Gazeille, unserem Anfangspunkt. Dort beginnt der historische Stevenson-Weg (heute der GR 70), benannt nach seinem Erstbegeher Robert Louis Stevenson, der 1878 mit seiner Eselin Modestine in zwölf Tagen über 200 Kilometer bis nach Saint Jean-du-Gard gewandert ist. Diesem Weg wollen wir zwei Wochen lang folgen.

Während die Straße eine Kurve nach der anderen macht, erzählt Marie-Ange uns viel über die Cevennen, die Gegend und über die

Menschen. Verschlossen seien sie, wenig kommunikativ, kaum an Veränderung und Neuerung interessiert, so jedenfalls ihre Erfahrung. Vor zwei Jahren hatte sie sich, aus dem Ausland kommend, auf dem geerbten Hof ihres Vaters niedergelassen.

Sie berichtet von alten Handelswegen, auf denen bereits die Römer Linsen in den Süden transportierten und im Gegenzug Wein in den Norden brachten, zumeist mithilfe von Maultieren. Auch gebe es in der Gegend jetzt wieder Wölfe und Luchse. Wie beruhigend, denke ich, gut, dass ich das nicht gestern schon wusste, vor unserer ersten Nacht im Freien!

Noch beunruhigter werde ich, als mir Marie-Ange auf meine Frage nach dem seltsamen Geschrei in der Nacht erklärt, dies sei ein Luchs gewesen. Dann war der Luchs wohl mitten in der Nacht auf Partner-suche, aber paaren sich nicht auch Luchse im Frühjahr? Während ich noch darüber nachdenke, ob der Luchs vielleicht einem falschen Biorhythmus folgt – schließlich haben wir bereits Ende August –, ist Marie-Ange schon bei der nächsten Gruselgeschichte: Im „Roten Haus", ganz in der Nähe, habe ein altes Ehepaar seine Gäste nachts ausgeraubt und umgebracht. Lange konnte ihnen niemand etwas nachweisen, bis sie einmal einen armen Mann abwiesen. Der Mann schlich zurück, versteckte sich im Stall, beobachtete alles von dort aus und lieferte der Polizei am nächsten Tag die entsprechenden Beweise. Das Ehepaar wurde zum Tode verurteilt. Marie-Anges Großeltern hätten damals noch die Hinrichtung durch die Guillotine mitange-sehen, sagt sie. Anette, als versierte Journalistin, hat mittlerweile ihre Kladde auf den Knien und macht sich Notizen. Gemütliche Gegend, denke ich, sage aber nichts.

Jedes Land hat wohl seine Geschichten und jede Gegend ihre Vor-züge. Hier in den Cevennen sind es die heißen Quellen, die mit 80 bis 90 Grad aus der Erde sprudeln, erzählt uns Marie-Ange. Wo waren diese heißen Quellen nur gestern Abend, als ich meine Wasserfla-schen-Dusche mit dem eisigen Wasser füllen musste? Selbst schuld, sage ich mir – wir hatten uns ja bewusst für das Zelten und gegen

Hotels und Pensionen entschieden, in denen man durchaus auch mit Esel hätte übernachten können. Dies alles sei, so versprach das Prospekt der Stevenson-Association[7], wunderbar organisiert. Wir aber wollten wie Stevenson unbedingt die „Natur atmen hören"[8], dem „verwirrenden Konzert des Windes"[9] lauschen und von der „grünen Karawanserei"[10] ebenso gastfreundlich aufgenommen werden wie er vor 136 Jahren. Auch wir wollten „unsere Uhren hinters Haus werfen"[11] und zwei freie Wochen erleben, wir wollten fotografieren und schreiben, wandern und einfach unterwegs sein, wir wollten die Weite und Terminlosigkeit erleben und uns von den Spuren eines Schriftstellers inspirieren lassen.

Nach der gefühlten 586. Kurve treffen wir durchgeschüttelt in Monastier ein. Nicht nur wir, sondern auch die Esel sind froh, aus Marie-Anges Auto und Hänger aussteigen zu können.

Und schon geht es los mit der (zweiten) Einführung in das Wandern mit Esel: Hufe auskratzen ist das A und O, schließlich soll kein Stein beim Laufen drücken. Auch wir Menschen wollen ja nicht kilometerweit mit Blasen an den Füßen marschieren. Nach dem Hufeauskratzen ist Fellstriegeln dran, dabei das Grautier tüchtig entstauben, nicht zu vergessen kuscheln und Ohren kraulen, Satteldecke auflegen, Packsattel befestigen, Satteltaschen aufhängen. Was sich hier so leicht in einem Satz sagen lässt, hat mit Erklärungen unserer „Eselmutter" Marie-Ange und dem tatsächlichem Tun weit über eine Stunde Zeit gebraucht.

So, liebe Wapa, liebe Coquelicot, von nun an werden wir zwei Wochen lang mit euch beiden unterwegs sein. Wie das wohl wird? Wird unser Projekt gelingen? Den Stevenson-Weg erwandern, Fotos machen, schreiben und frische Ideen finden, mit euch klarkommen und gleichzeitig auch zur Ruhe, nicht völlig durchnässt werden, satt werden? Hätten wir nicht noch mehr einkaufen sollen? Aber Salat wird welk, Bananen in den Packtaschen matschig, und Dosen sind schwer. Doch was frage ich mich? Es ist ohnehin zu spät für andere Entscheidungen.

Fürsorglich, wie sie ist, gibt uns Marie-Ange ein Stück Draht und eine Handvoll Isolatoren mit, damit wir, falls wir keine Unterkunft finden, schnell ein Do-it-yourself-Gatter bauen und die Isolatoren zur Not auch in Bäume schrauben können. Nun gut, getreu dem Motto der Stadt Lyon: „Laissez-vous surprendre! Lassen Sie sich überraschen!" Das Schöne am Reisen ist ja, dass man *nicht* weiß, was alles passiert. Sonst könnte man ja gleich zu Hause bleiben.

Auch Stevenson hat sich auf seiner Tour auf neue Erfahrungen eingelassen: „Einen Reisenden wie mich hatte man in diesem Bezirk noch nicht erlebt. Man betrachtete mich mit Geringschätzung wie einen, der eine Reise auf den Mond projektiert, und doch mit respektvollem Interesse wie jemanden auf dem Weg zum unwirtlichen Pol. Alle waren bereit, mir bei meinen Vorbereitungen zu helfen...“[12] Wir bekommen letzte Tipps, besinnen uns auf unsere langjährigen Outdoor-Erfahrungen im In- und Ausland und auf unsere Fähigkeiten, zumindest mit Pferden umgehen zu können. Marie-Ange schießt noch ein Foto von uns vor dem Stevenson-Denkmal, das die Stadtverwaltung von Monastier in Erinnerung an Stevenson und seine „Reise mit einem Esel durch die Cevennen" aufgestellt hat. Wie sich später zeigen wird, ist es leider völlig verwackelt.

Unter Tschüss, *Salut* und Viel Glück! machen wir uns endlich auf den Weg. Zockelnd verlassen wir auf einer kleinen Asphaltstraße Monastier, gewöhnen uns daran, permanent einen Strick in Händen zu halten, plaudern mit unseren Eseldamen und betrachten voller Sorge den Himmel, der sich von hellgrau immer mehr nach dunkelgrau wandelt und uns dicke Regenwolken entgegenschiebt.

„Ist das Wetter nicht perfekt?"

Anettes staubtrockene Bemerkung wird bereits von den ersten Regentropfen aufgeweicht. Noch während ich den Wanderführer in die Tasche stecke, beginnt es zu schütten. Schnell in die Anoraks, die Regenhose aus der Packtasche gezerrt und übergezogen, die Plane für die Esel auseinandergefaltet. Doch der Wind faucht dazwischen, die Bändel zum Festknoten fehlen. Wir stecken die Planen irgendwie (!) fest und ziehen weiter. Auf steinigem Geröll geht es langsam und stetig bergauf. Ich bin froh über meine Bergschuhe. Zwischen diesen groben Steinbrocken, die nicht groß genug sind, um auf sie zu treten, die aber auch keine Fläche lassen, um zwischen ihnen Halt zu finden, mühen wir uns voran. Ungern hätte ich jetzt nur Segeltuchschuhe an.

Esel sind grundsätzlich sehr trittsicher, doch auch für sie ist dieser Weg extrem mühsam. Coquelicot tut mir leid. Links am Wegesrand taucht ein kleiner Trampelpfad auf. Dorthin will ich sie lenken, doch ich stolpere über einen Steinbrocken, fange mich gerade noch auf. Coquelicot schiebt mich in die andere Richtung, ich schiebe zurück, aber die kleine Dame hat Kraft, und so quetscht sie sich völlig unerwartet zwischen mir und einem Baum hindurch und reißt mit einem lauten Rrrratsch die halbe Naht der Satteltasche ab.

„Dickschädel!", rufe ich.

Alles hängt schief!

Die Plane hat der Wind inzwischen weggeweht. Ich drücke Anette den Strick in die Hand, damit sie Coquelicot festhalten kann, laufe der Plane hinterher, repariere die Packtasche im strömenden Regen notdürftig und sattle neu. Wenig später rutscht die ganze Ladung wieder auf Coquelicots Rücken nach vorn – und, oh nein, auch bei Wapa hängt auf einmal alles viel zu weit vorne! Dadurch drücken die hölzernen Sättel auf die Knochen. Das können wir den Tieren nicht antun! Noch einmal sortieren wir neu und werden daran erinnert, dass Esel genau wie Pferde den Bauch beim Satteln aufblasen und später nach einigen Schritten die Luft wieder ablassen. Hätten wir doch nur zwischendrin einmal nachgezogen!

Nach getaner Arbeit versuchen wir, unsere knurrenden Mägen mit einem Müsliriegel zu beruhigen. Die Lust auf die Picknickbänke am Wegesrand kann uns nicht vergehen – sie ist heute noch nicht aufgetaucht. Ich denke an Stevenson; auch er hat sich mit dem Balancieren seines Gepäcks mehrfach gemüht: „In dem Dorfe Ussel schließlich schlug der Sattel samt der ganzen Beladung um und schleifte unter dem Bauch des Esels durch den Staub. Sofort blieb sie stehen, als hätte es nicht besser kommen können, schien zu lächeln ..."[13]

Beim Lesen dieser Zeilen hatte ich damals noch geschmunzelt, jetzt bleibt mir das Schmunzeln zwischen den Zähnen stecken. Immerhin, nichts schleift im Staub, denn der hat sich mit den Wassermassen, die vom Himmel kommen, in Matsch verwandelt. Und Coquelicot scheint sich nicht über mich lustig zu machen, sondern steht brav da und wartet darauf, dass das Zweibein es endlich auf die Reihe bringt.

In dem Buch „Muscheln am Weg" von Carmen Rohrbach, die ebenfalls mit einem Esel durch Frankreich gewandert ist, hatte ich gelesen, dass auch bei ihr der Sattel samt Gepäck verrutscht war. Ich frage mich, ob das irgendwie zum „Wandern mit Esel" dazugehört oder ob es auch anders geht.

„Hey, die Sonne kommt raus!", ruft Anette und reißt mich aus meinen Überlegungen.

Wir halten erneut an, ziehen Anorak und Regenhose wieder aus, verstauen alles zusammen mit den Regenplanen der Esel in den Packtaschen. Zum Glück ist auch der Geröllweg endlich in einen angenehmen Wiesenweg übergegangen.

Wir lassen unseren Blick aus 1000 Metern Höhe über ungezählte Hügel schweifen. Ich atme aus. Ein wenig Entspannung stellt sich ein, und ich genieße die herrliche Landschaft: frische Luft statt überheizter Zimmer, der freie Blick über das weite Land statt enger Seminarräume, in denen ich regelmäßig unterrichte, und das rhythmische Getrappel der Hufe statt Autolärm und Stadtgetöse. Endlich können meine Augen, die oft

ERKENNTNIS DES TAGES
Es ist gut, dass wir auf diesem Erfahrungsweg sind und uns ein wenig ver-rückt haben.

stundenlang lediglich 30 Zentimeter bis zum Bildschirm schauen, entspannen, können meine Ohren endlich einmal auf die Stille lauschen und wieder offen werden für die leisen Töne. Die Autos, die uns heute begegnen, kann ich an einer Hand abzählen.

Schließlich sehen wir unten im Tal den kleinen Campingplatz liegen. Steil und steinig geht es die 200 Höhenmeter direkt hinunter. Rechts und links des schmalen Weges Stacheldraht, kaum Platz für uns und unsere Esel, die mit den Taschen noch einmal breiter sind. Ich habe Bedenken, dass ich eine weitere Packtasche ruiniere, erinnere mich an Anettes wenig belastbares Knie – es tut mir weh, nicht das Knie, nein, mein Herz, ich weiß, Anette beißt einfach die Zähne zusammen. Doch mir bleibt nicht viel Zeit zum Nachdenken, denn Wapa setzt plötzlich zu einem Tempo an, das sich nahezu mörderisch anfühlt – warum muss sie ausgerechnet berg*ab* anfangen zu rennen? Anette versucht es mit beruhigendem Zureden, dann mit lauten Machtworten, schließlich mit Fluchen und fester Hand. Coquelicot macht natürlich nach, was sie bei der Großen sieht, schubst ihre freche Nase mehrfach in mein Hinterteil, sodass nun auch ich gefordert bin. Was zieht die beiden nur an diesem Zeltplatz dort unten so magnetisch an, dass sie plötzlich wider allen Esel- und Menschenverstand den Bergab-Galopp erfinden und sich die Beine brechen wollen? Am Ende dieses langen Tages sind noch einmal eine starke Hand und viel Konzentration notwendig: achtgeben auf Füße und Steine, auf Gepäck und Stacheldraht, das Halfter samt Esel fest im Griff halten – und das alles auf einem ausgespülten, steinigen Pfad!

Endlich wird der Weg flacher und leichter, wir atmen auf und tief durch. Was für ein Gestolper! Von den zwei Brücken, die wir im Dorf noch über den Ruisseau de l'Holme und über die Loire nehmen müssen, sind unsere Damen zwar nicht begeistert, doch treffen wir nach einem zögerlichen Gehen und Stehenbleiben schließlich auf unserem ersten „Schlafplatz für Mensch und Esel" ein, einem Campingplatz mit einer eingezäunten Wiese. Für unsere Langohren gibt es frisches Wasser und ein wenig Gras – viel ist es nicht.

Während ich Anette noch helfe, die Packtaschen herunterzuheben, wirft sich Coquelicot bereits auf den Boden und will sich wälzen. Gerade noch rette ich ihre Taschen und deren Inhalt. Esel sind manchmal wie kleine Kinder – man darf sie nicht aus den Augen lassen!

Während unserer Wanderung in den vergangenen Stunden konnten wir die beiden völlig entspannt frei grasen lassen, aber hier, das wird mir jetzt klar, signalisiert der Zaun, dass Feierabend ist, und der Sandplatz lädt unmissverständlich zum genießerischen Wälzen ein. Ab morgen werde ich schlauer sein und meine kleine Eseldame zum Absatteln anbinden.

Wir bauen unser Zelt auf und springen unter die heiße Dusche. Das ist doch wesentlich angenehmer als „In-die-Flasche-aus-der-Flasche".

Nach einem langen Tag dösen die Esel nun direkt an der Loire, während wir in einer kleinen Kneipe endlich mit Pommes und Salat unseren Hunger stillen. In „Muscheln am Weg" lese ich: „Schon bei dieser ersten Probewanderung wurde ich belehrt: Einen Esel zu führen ist kein bequemer Spaziergang, bei dem man vor sich hin träumen kann. Nach drei Stunden war ich so erschöpft, als hätte ich den ganzen Tag schwer gearbeitet."[14]

Okay, denke ich, auch wir sind erschöpft, aber immerhin haben wir es auf eine sechsstündige Wanderung gebracht. Soll ich also zufrieden sein? Ich weiß es noch nicht. Wir hatten uns eine wesentlich größere Etappe vorgenommen, wollten bis Le Bouchet-Saint-Nicolas kommen, das aber hatte uns Marie-Ange bereits gestern Abend ausgeredet. Völlig verrückt sei das, wir sollten damit rechnen, dass wir uns erst einmal auf das Wandern mit Eseln einstellen müssten. Da wussten wir noch nicht, wie recht sie haben sollte!

Beim Abendessen lassen wir unseren ersten eigenständigen Eselwandertag Revue passieren. Gut, dass wir auf Marie-Ange und ihre Erfahrungen gehört haben, denn für diese erste Etappe haben wir tatsächlich wesentlich länger gebraucht, als wir eingeplant hatten. Wir sind stolz auf das Geschaffte – die ersten Unwägbarkeiten haben wir gemeistert! Dennoch fühlen wir uns nicht wirklich gut, weil wir unser gestecktes Ziel nicht erreicht haben. Obwohl es der erste Tag ist, denken wir an unseren Abflugtermin, denn wir wollen schließlich den gesamten Stevenson-Weg bis Saint-Jean-du-Gard laufen. Ob wir das jetzt noch schaffen? Als ich bei Carmen Rohrbach hineinlese, bin ich ein wenig beruhigt: „Ein Mann, der mit seinem Hund unterwegs ist, sagt, es sei gar nicht so einfach, mit einem Tier zu wandern. Er müsse auf drei Dinge gleichzeitig achten: auf den Weg, die Markierung und seinen Hund. Wenn er wüsste, wie dramatisch sich erst das Pilgern mit einem Esel gestaltet!"[15] Auch wir merken: Neue Erfahrungen brauchen Zeit, die wir uns zugestehen müssen. Es geht nicht schneller.

Bekannte Sprüche tauchen in unseren Köpfen auf: „Das Gras wächst auch nicht schneller, wenn man daran zieht." Oder: „Der Weg ist das Ziel."

Ja, ja, denke ich, wenn das alles immer nur so einfach wäre. Mal eben die eigene Haut verlassen, ein ruhiges und gelasseneres Gefüge anziehen, wie einen Mantel, in den man hineinschlüpft. Von Kind an hatte ich immer Ziele, manchmal ganz klar formuliert, manchmal aber auch nur eine Art Sehnsucht, die mich drängte, schob, zog …

Manchmal waren es Ziele, die von außen kamen: Frau geht zur Schule, besteht das Abitur, studiert und schreibt schließlich eine Masterthesis. Sie geht Vollzeit arbeiten, zieht Kinder groß, versorgt zu pflegende Angehörige, ein Haus, mehrere Katzen und aufgeschlagene Knie…

Aber auch von innen heraus habe ich mir immer wieder Ziele gesteckt: So wollte ich bestimmte Länder bereisen, den Segelschein machen, in einer ganz bestimmten Gegend wohnen oder eben auch ein paar verrückte Ideen umsetzen. Da ich mittlerweile bereits fünf Jahrzehnte auf dieser Erde unterwegs bin, wurde mir klar, dass die Zeit, in der ich verrückte Ideen umsetzen kann, mit jedem Jahr knapper und so manches im Alter sicherlich nicht mehr möglich sein wird. Also hatte ich mir mit dem Cevennen-Plan wieder einmal ein Ziel gesetzt, das meine Sehnsucht befriedigen sollte.

Und obwohl dieses Stück Weg heute wirklich anstrengend war, genieße ich das Unterwegssein unter freiem Himmel. Vor allem, weil mich Wege schon immer fasziniert haben, besonders Weitwanderwege und auch das Leben der Nomaden und Viehhirten. Das Thema der Transhumanz, der Wanderweidewirtschaft, aus fernen Studienjahren bringt in mir wieder etwas zum Klingen. Ist es diese uralte Parallele zwischen Weg und Lebensweg? Hermann Hesse hat einmal geschrieben „Jeder von uns ist nur ein Mensch, nur ein Versuch, ein Unterwegs."[16] Ja, auch ich empfinde mich als ein Unterwegs, immer auf Reisen, nach außen, aber auch nach innen, meine Schatzkiste füllend mit Erfahrungen und Begegnungen. Ich möchte mein Lernen und Unterwegssein in all den Jahren nicht missen, ist es doch immer begleitet von Veränderung – und ich spüre wieder einmal: Stillstand nervt mich und hat es schon immer getan. Deshalb liebe ich wohl auch den Frühling und den Herbst am meisten. Hier tut sich etwas in der Natur, die Farben ändern sich, es sprießt oder reift…

Ich denke an Frauen wie Therese von Bayern, die als „weiblicher Humboldt" 1888 mit Zelten und Schlafsäcken, Moskitonetzen und Wasserfiltriermaschinen nach Brasilien aufbrach und den Amazonas erforschte; oder an Alexandra David-Néel, die es 1924 als erste Europäerin ins verbotene Lhasa schaffte. Diese Frauen hatten enorm hohe Ziele, gegenüber denen das unsere absolut harmlos erscheint.

„Liebes Zweibein!

Wenn Feierabend ist, werfe ich mich hin, wälze mich und genieße dieses Fell-Wohlfühl-Programm. Du hast bemerkt, dass ich nicht einmal warten kann, bis du meine Packtaschen abnimmst. Das ist mir gleich, Feierabend ist Feierabend, ich habe den ganzen Tag lang das Gepäck getragen, steil bergauf und steil bergab, über diese elenden Steine hinweg – nun habe ich meine Pause verdient, möchte unterm Sternenhimmel Gräser rupfen und meine Ruhe mit Wapa teilen. Haben die Zweibeine eigentlich auch ein Wohlfühl-Programm nach getaner Arbeit?"

„Liebe Coquelicot,

gute Frage! Sie macht mir erst jetzt klar, dass ich oft keinen Feierabend mache und mich nicht einfach aufs Sofa werfe, stattdessen hier noch schnell eine Mail beantworte, dort noch einen Brief öffne und dann „nur noch" das Arbeitsblatt für XY fertigstelle ...

Mach doch einfach mal abends Schluss! Ja, ein schwieriges Thema für mich, denn wo ist bei einem Beruf, der Spaß macht, die Grenze, nicht nur zeitlich, auch inhaltlich. Wenn ich abends im Bett noch lese, lese ich immer noch berufsbezogen, denn selbst wenn ich einen guten Roman schmökere, habe ich immer den Blick auf Aufbau und Struktur, auf stilistische Feinheiten, die mir gefallen. Fahre ich mit meinem Liebsten an der Seite oder Freundinnen in den Urlaub, bin ich (immer auch) auf den Spuren von Schriftstellern unterwegs, habe Bücher dabei, befasse mich mit MEINEN Themen. Vielleicht hatte ich doch recht, als ich für die Aufnahme in die Schreibausbildung vor Jahren schrieb: „Andere Eltern bekamen Kinder, meine einen Bücherwurm!"

Muss ich also wirklich Feierabend machen und wenn ja, wie?

Liebe Coquelicot, vielleicht kann ich nicht so herrlich Feierabend machen wie du, aber ich bin bestimmt genauso neugierig wie du, deshalb stecke ich abends gerne meine Nase in Bücher, lerne noch Französisch oder gehe in ein Konzert. Aber du hast recht, den Schreibtisch mit seinen Mails und seinen Rechnungen könnte ich abends durchaus liegen lassen ..."

Wandern allein genügt nicht

Goudet – Montagnac – Ussel –
Bagettes – Le Bouchet-Saint-Nicolas

30. August, Goudet, zwölf Grad, leicht bewölkt

Langsam werde ich wach. Es ist still, doch nach unserem ersten menschlichen Wortwechsel im Zelt schreien plötzlich auch die Esel. Ob sie wohl Hunger haben? Wir gehen duschen, hängen die Schlafsäcke an die Luft und schauen an der Rezeption nach, denn eigentlich war vereinbart, dass die Esel vom Campingplatzbetreiber mit Futter versorgt werden. Niemand zu sehen an der Rezeption, alle scheinen noch zu schlafen. Wir frühstücken, werden aber erneut durch das Schreien unserer Esel unterbrochen. Schließlich laufe ich hinüber zur Koppel, sehe aber nur Wapa. Coquelicot ist verschwunden!

Zur Straße hin gibt es einen festen Zaun mit Tor. Der übrige Zaun besteht lediglich aus einer Litze, die aber nicht unter Strom steht. Bestimmt ist sie unten durch entwischt. Ich vermute, dass sie sich nicht allzu weit entfernt hat von uns und ihrer geliebten Wapa, aber wo kann sie sein? Noch einmal gehe ich zur Rezeption, um zu schauen, wo das Futter für die Esel bleibt, und traue meinen Augen nicht. Die kleine Langohrdame hat bereits an der Rezeption „angeklopft", steckt gerade ihre Nase in die sich öffnende Tür und fordert das Versprochene ein. Ein klarer Beweis für das gute Gedächtnis, das den Eseln nachgesagt wird. Coquelicot war bestimmt schon mit anderen Wanderern hier und erinnert sich genau, wo das Futter „abzuholen" ist. Der Campingplatzwart drückt mir einen Eimer mit

Futter in die Hand. Ich führe Coquelicot zurück auf die Weide, serviere den Eseldamen das Frühstück und trinke anschließend meinen inzwischen kalt gewordenen Kaffee. So geht also: „Entspannt frühstücken mit Esel". Wie Stevenson das wohl erlebt hat?

Esel sind zwar Herdentiere, aber durchaus auch mutig, und sie schlagen gerne voller Neugier eigene Wege ein. Wie ich später von Marie-Ange erfahre, macht Coquelicot das häufiger: das Loch im Zaun finden und lieber beim Nachbarbauern die Wiese erforschen und die Leckerbissen herauszupfen.

Nachdem wir nun alle vier gefrühstückt haben, geht es ans Packen: Schlafsack und Isomatte einrollen, Kaffeetassen spülen, Zelt abbauen, einen Blick zum Himmel werfen, der heute Besseres verspricht. Danach sind die Esel dran. Wir bürsten sie ordentlich, stauben dabei aber selbst völlig ein.

„Na super, fünf Minuten getragen, und schon steht sie vor Dreck." Anette schaut ihre frische Bluse an, die bereits ein paar markante Flecken aufweist. „Warum haben wir eigentlich unsere hellen Wanderblusen eingepackt?

„Ja, weil die so herrlich schlicht sind und es für uns in den Geschäften meistens wenige Alternativen zu pink-bunt, hawaii-geblümt und neongelb gibt."

Wir satteln, ziehen die Gurte nach (!), hängen die Packtaschen auf und los geht's: Den Weg hinauf nach Montagnac nehmen wir zügig, wandern durch die nächsten Dörfer hindurch und versuchen, uns auf das Eseltempo einzulassen und mit unseren Langohren einen gemeinsamen Rhythmus zu finden. Trotz des besseren Weges und des schöneren Wetters sind wir auch heute langsamer unterwegs als geplant. Das morgendliche Putzen und Satteln hat zusätzlich Zeit gebraucht, die wir trotz Planung nicht bedacht hatten. Auch wollen und sollen die Esel immer wieder fressen – 16 Stunden pro Tag sei Fresszeit, so hatte uns Marie-Ange erklärt – und vergangene Nacht hatte die „Wiese" nicht wirklich viel Futter hergegeben. Außerdem halten wir öfter an, um Fotos und Notizen zu machen.

„Die Eislinger Pilger haben die 65 Kilometer von Le Puy in drei Tagen zurückgelegt, während ich mit Choco sieben Tage gebraucht habe. Zuerst bin ich enttäuscht, wie langsam wir im Vergleich sind, doch dann wird mir klar, dass Choco mir ein kostbares Geschenk macht – die Langsamkeit. Er zwingt mich zur Muße, so dass ich die Umwelt mit allen Sinnen noch besser wahrnehmen kann"[17], so hat es Carmen Rohrbach empfunden.

Ja, Muße, das ist das Stichwort in meinem Kopf. Noch habe ich sie nicht gefunden, die Muße, ich übe noch, mich auf das langsame Tempo einzulassen.

Die Sonne scheint, wir haben perfektes Wanderwetter, kein Packsattel rutscht, kein Regen stört. Aufgewachsen mit einer Kräuter sammelnden Mutter entdecke ich nun am Wegesrand Bekanntes aus meiner Kindheit: riesige Beinwellpflanzen, Johanniskraut, Schafgarbe in Weiß und Rosa bis Purpur. Wilden Thymian in Hellviolett bis Dunkelviolett. Himbeeren und Brombeeren, Schlehen mit dicken, blauen Beeren, Holunder, so voller Früchte, wie man ihn bei uns nicht sieht. Nun bleibe auch ich immer wieder stehen, pflücke mir eine Handvoll duftender Kräuter, schnuppere und genieße… Schließlich entdecke ich sogar Kamille, die ich seit meiner Kindheit nicht mehr an irgendwelchen Wegrändern gesehen habe.

Die extensive Landwirtschaft, die in den Cevennen betrieben wird, gewährt manchem (Un)Kraut noch Raum. Auch die Rinderherden hier oben auf 1200 Metern Höhe beeindrucken uns: Stier, Muttertiere und Kälber stehen auf einer Weide beisammen. Die Kälber trinken bei der Mutter – ein friedliches Urbild. Den ganzen Tag sind sie an der Sonne, bei Wind und Wetter draußen, genießen frisches Gras – wieder atme ich durch.

Die stete Bewegung tut mir gut. Ich spüre eine richtige Freude in meinen Beinen, kraule meine kleine Coquelicot in den Ohren… Das liebt sie so sehr, dass auch sie sich wunderbar entspannt und ihre Unterlippe locker hängen lässt. Ach, was für ein schöner Tag! So habe ich mir das vorgestellt!

„Dagegen braucht man, ist man einmal in einen gleichförmigen Trab verfallen, keine Gedanken mehr ans Durchhalten zu verschwenden. Und obendrein bewahrt es einen davor, überhaupt über irgendetwas ernsthaft nachzudenken. Wie das Stricken oder die Arbeit eines Kopisten neutralisiert es nach und nach die ernsthafte Geistestätigkeit und schläfert sie schließlich ein."[18]

Auch ich denke über nichts ernsthaft nach, sondern versinke im Wahrnehmen dessen, was mich umgibt, schaue und beobachte und nehme die Landschaft in mich auf. Zwischendurch lassen wir die Esel fressen und gönnen auch uns ein Picknick: Baguette und Käse, Obst und selbst gemachte Feigen-Wallnussbällchen. Beide träumen wir von einem Kaffee, doch heute wollen wir unbedingt unsere geplante Etappe schaffen, und so lassen wir den Campingkocher in den Packtaschen. Eine sinnvolle Entscheidung, wie sich noch zeigen wird.

Gegen Abend treffen wir in Le Bouchet-Saint-Nicolas ein. Durch das Gespräch mit einem Fotografen, der von der Straße aus versucht, Raubvögel zu fotografieren, erhalten wir hilfreiche Informationen. Die Bürgermeisterin, so erzählt er, habe versprochen, dass jeder, der mit einem Esel den Stevenson-Weg entlangwandert, auch eine Unterkunft im Ort finden soll. Er weist uns den Weg zum Gemeinde-Campingplatz, der ein wenig außerhalb liegt. So zockeln wir durchs Dorf, während die Bauern gerade ihre riesigen Kuhherden zum Melken in den Stall treiben und gleichzeitig Herden von Stevenson-Weg-Wanderern einfallen.

Wir stellen fest, dass Esel und Kühe nicht zusammenpassen. Unsere beiden Damen spitzen wachsam-nervös die Ohren, trippeln herum, weichen seitlich-springend aus, schließlich geht Wapa durch, rennt fast zwei Wanderer um, und auch Coquelicot ist nicht mehr zu halten. Den Strick fest in der Hand, rennen wir mit und retten uns schließlich samt Eseln in eine Hofeinfahrt, wo wir nach Luft schnappen, ein wenig zur Ruhe kommen und dem Treiben auf der Hauptstraße mit gebührendem Abstand zuschauen können.

Ich binde Coquelicot an einen Gartenzaun, denn trotz des Gewühls hatte ich einen Dorfladen entdeckt und mich an Marie-Anges Rat erinnert, IMMER einzukaufen, wenn sich eine Gelegenheit bietet. So fülle ich meinen Rucksack mit Gemüse und Merguez, mit Obst und Keksen und trauere dem bereits ausverkauften Baguette hinterher.

Als ich zurückkomme, sehe ich, dass sich die Touristen auf Anette und unsere beiden Esel gestürzt haben.

„Oh, sind die süß!" „Darf ich ein Foto machen?" „Was fressen die denn?" „Sind das Ihre Esel?" „Wollen Sie den ganzen Stevenson-Weg laufen?" „Wo kommen Sie her?" „Wo wollen Sie hin?"

Anette ist sichtlich genervt von den vielen Menschen und ihren Fragen, und so sehen wir zu, dass wir das Weite suchen. Der „Campingplatz" erweist sich als saftige Wiese, umgeben von Bäumen und Hecken. Es gibt ein Duschhäuschen, einen Wohnwagen, ein Auto, einen alten Tisch, eine alte Bank – sonst nichts.

Kein Mensch, der für uns zuständig wäre, kein Zaun, kein Wasser, kein Salz für unsere Esel. Wir können die Esel nachts nicht einfach anbinden; sie wollen und sollen fressen und sich frei bewegen. Wenn wir sie jedoch frei laufen lassen, rennen sie zwar nicht davon – denn sie haben sich schon an uns gewöhnt und warten morgens gespannt darauf, wann es endlich weitergeht. Aber beim Fressen bewegen sie sich vorwärts und würden irgendwann auf der Straße stehen. Auch die vielen Kühe hinter den Hecken machen sie nervös. Das bisschen Draht, das uns Marie-Ange mitgegeben hat, stellt sich als viel zu kurz heraus, und ich möchte keine Isolatoren in die Bäume schrauben. Es nützt nichts, wir müssen eine andere Lösung finden.

Der ältere Herr, dem der Wohnwagen gehört, erweist sich als Engel: Er bietet uns an, uns mit seinem Auto zurück ins Dorf zu fahren. Während ich alleine absattle, die fressenden Esel beaufsichtige und das Zelt aufbaue, macht sich Anette mit ihm auf den Weg.

Zwei Stunden später wissen wir, dass „Politiker" und „Versprechen einhalten" wieder einmal nichts miteinander zu tun haben und wir nur dank dieses rührigen alten Mannes endlich zur Ruhe kommen können. Er hat einen Bauern ausfindig gemacht, der nun mit einem Allradwagen angebraust kommt, mit einem herzlichen Lachen im Gesicht einen Elektrozaun für uns absteckt und eine Batterie anschließt. Auch hat er die Dorfschullehrerin, die für den Campingplatz verantwortlich ist, abgeholt. Sie zeigt uns nun das Duschhaus, dreht den Heißwasser-Boiler noch ein wenig höher und entführt kurzerhand den Putzeimer, um den Eseln Wasser zu bringen. Ich genieße die Anwesenheit dieser beiden zupackenden und praktischen Menschen und bin dankbar für so viel Herzlichkeit nach dem langen Tag. Dann macht uns die Dame die Rechnung auf, und ich glaube zuerst, ich hätte sie falsch verstanden.

„Nein, nein", beteuert sie. „Es macht nur 6,– Euro pro Nacht für alle vier!"

Endlich können wir ans Abendessen denken. Während die Esel neben uns zupfen und mampfen, brutzeln die Würstchen in der

Pfanne und verbreiten einen wunderbaren Duft in der Dunkelheit. Erst jetzt merke ich, wie hungrig ich bin. Mist, denke ich, das ist ja wie zu Hause, denn auch dort vergesse ich manchmal den Hunger. Genau das wollte ich doch auf unserer Wanderung vermeiden. Wollten wir nicht die „Uhren hinters Haus werfen"[19], stressfrei wandern und die Natur genießen?

Dennoch freuen wir uns, dass wir angekommen sind, dass wir es geschafft haben.

Mittlerweile ist es empfindlich kalt geworden. Wir kriechen in unsere Schlafsäcke, knipsen die Solarlampe an und versuchen, mit wackeliger Schrift den Tag festzuhalten. Ich bin überglücklich, habe ich doch gerade im Duschhäuschen eine Entdeckung gemacht: Auf dem elektrischen Wasserboiler hing ein Plakat, das nicht nur darauf verwies, dass es im Dorf einen Laden gibt und dieser sonntags von 8 bis 12 Uhr geöffnet hat (Aussicht auf ein frisches Sonntagsbaguette morgen früh!), sondern auf dem auch ein Text von Stevenson zu lesen war. Ich habe ihn mit meinem Handy sogleich abfotografiert.

ERKENNTNIS DES TAGES

Helfende Hände sind immer ein Geschenk – egal, wo du bist auf der Welt.

„Au siècle dernier, Robert Louis Stevenson composait un ensemble de règles simples pour aider les gens à être plus heureux. Im letzten Jahrhundert stellte Robert Louis Stevenson eine Reihe von Regeln zusammen, die den Menschen helfen sollten, glücklicher zu sein.

Ces règles s'appliquent encore aujourd'hui: Diese Regeln sind heute noch immer gültig:

Décide à être heureux. Apprends à trouver du plaisir dans les choses simples. Entscheide dich, glücklich zu sein. Lerne, in den einfachen Dingen Freude zu finden.

Tire le meilleur parti possible de tes situations. Nul ne possède tout et tout le monde a une certaine tristesse mêlée aux plaisirs de la vie. Le secret consiste à rire plus qu'on ne pleure. Mache das Bestmögliche aus deiner Situation. Niemand besitzt alles, bei jedem mischt sich eine gewisse Traurigkeit in die Freuden des Lebens. Das Geheimnis besteht darin, öfter zu lachen als zu weinen.

Sois indulgent avec toi-même. Ne te prends trop au sérieux. Et ne crois pas que tu dois être protégé des malheurs qui frappent les autres. Sei nachsichtig mit dir selbst. Nimm dich nicht allzu ernst. Und glaube nicht, dass du geschützt wärst vor dem Unglück, das andere trifft.

Ne te soucie pas des critiques. Tu ne peux pas plaire à tout le monde. Scher' dich nicht um Kritik. Du kannst nicht aller Welt gefallen.

Fixe tes propres normes et tes propres buts. Soi toi-même et explore tes propres limites. Setz dir deine eigenen Normen und deine eigenen Ziele. Sei du selbst, und erkunde deine eigenen Grenzen.

Fais ce que tu aimes faire, mais sans t'endetter. Tu, was du tun möchtest, aber ohne dich zu verschulden.

Ne cherche pas les ennuis. Les fardeaux imaginaires sont plus lourds à porter que les vrais. Suche keinen Ärger. Eingebildete Lasten sind schwerer zu tragen als echte.

Débarrasse-toi de tes rancœurs. La haine, l'envie et la colère te rongeront de l'intérieur. Befreie dich von deinem Groll. Hass, Neid und Wut fressen dich sonst von innen heraus auf.

Multiplie tes intérêts. Si tu ne peux voyager, parcours le monde par tes lectures. Weite deine Interessen aus. Wenn du nicht reisen kannst, durchstreife die Welt mit deiner Lektüre.

Ne te laisse pas terrasser par les regrets. Surmonte tes tristesses et erreurs et ne conserve que les leçons utiles qu'elles t'ont apprises. Lasse nicht zu, dass dich die Reue niederdrückt. Überwinde deine Traurigkeit und deine Irrtümer und behalte nur die nützlichen Lektionen, aus denen du etwas gelernt hast.

Fais ce que tu peux pour les gens moins fortunés que toi. Tu, was du kannst, für die Menschen, die weniger Glück im Leben gehabt haben als du.

Tiens-toi occupé. Quiconque est très occupé n'a pas le temps d'être malheureux. Sieh zu, dass du immer beschäftigt bist. Wer sehr beschäftigt ist, hat keine Zeit, um unglücklich zu sein."

Eingekuschelt in meinem Schlafsack im Zelt suche ich mir ein paar Sätze heraus, die mich spontan ansprechen: *Décide à être heureux. Apprends à trouver du plaisir dans les choses simples.* Entscheide dich, glücklich zu sein. Lerne, in den einfachen Dingen dein Glück zu finden.

Ja, denke ich, ich bin gerade dabei, oder besser gesagt, das mache ich schon seit einigen Jahren. Denn das Leben, auch meines, war nicht immer ganz leicht, und das Glück wurde mir selten auf dem Silbertablett serviert – wie sicher den meisten Menschen.

Das ist genau der Grund, weshalb wir hier unterwegs sind, Anette und ich, mit Rucksack und Zelt, mit unseren Eseln draußen in der Natur, ohne Luxusliner und Champagnerglas. Wir freuen uns über das frische Wasser, das aus den Dorfbrunnen sprudelt, an denen wir unsere Wasserflaschen auffüllen und den Eseln eine Trinkpause gönnen können. Wir erfreuen uns an den kleinen Blumen, die die Landschaft, so weit das Auge reicht, mit bunten Blüten verschönern, und wir erfreuen uns an den drei netten Menschen, die uns geholfen haben, dass wir nun hier mit unserem kleinen Zeltdach über dem Kopf im kuschelig warmen Schlafsack liegen.

Das Wort *indulgent* muss ich im Wörterbuch suchen, denn auch Anette weiß nicht, wie es übersetzt heißt.

„Kein Wunder, dass wir das nicht kennen! Das ist nicht unser Wort", sage ich schmunzelnd.

„Wie, nicht unser Wort?" Anette schaut mich fragend an.

„*Indulgent* bedeutet großmütig, wohlwollend, nachsichtig, schonend. Sei also wohlwollend mit dir."

Wir grinsen beide, denn wir kennen uns. Während Anette die Fotos des Tages durchschaut, denke ich nach. Klar kann ich mir etwas gönnen, mir eine Wohltat genehmigen: die heiße Badewanne im Winter, im Sommer unterm Kirschbaum liegen mit einem guten Roman, eine halbe Nacht gegen ein gutes Gespräch mit meinem Sohn eintauschen. Aber ich kann auch der Perfektionistin in mir zu viel Raum geben, wenig nachsichtig mit mir sein und meinen Energiehaushalt überlasten. Ach, und da ist es wieder, das Ziel: *Fixe tes propres normes et tes propres buts. Soi toi-même et explore tes propres limites.* Setze dir deine eigenen Normen und Ziele. Sei du selbst, und erkunde deine eigenen Grenzen.

Ja, das passt prima zum ersten Ziel: Wenn ich schonend und wohlwollend mit mir umgehen will, muss ich mir eigene Ziele setzen und meine Grenzen kennen, damit ich nicht ständig Ziele realisiere, die von außen als wichtig an mich herangetragen werden. Ebenso muss ich auch die Energie bestimmen, die ich einsetzen kann und will. Ein weites Feld … Für heute bin ich zu müde, um noch weiter zu philosophieren.

„Liebes Zweibein,

wiederum schmunzelst du über mich, aber warum soll ich nicht aus meiner Umzäunung ausbrechen und das Versprochene einfordern, warum warten? Ich bin nämlich wollwollend zu mir, ich hole mein Futter, lasse es mir gut gehen. Habe ich dir schon gesagt, dass ich deine Bürstenmassage am frühen Morgen liebe? Und keine hat je meine Ohren so schön gekrault wie du. Danke.“

„Liebe Coquelicot,

auch an dich ein großes herziges Dankeschön. Du bist diesen langen Weg mit uns wunderbar gelaufen, hast unser Gepäck getragen und ich freue mich, dass ich jeden Tag von dir lernen darf.“

Nur der Wind singt sein Lied

Le Bouchet-Saint-Nicolas –
Landos

31. August, Le Bouchet-Saint-Nicolas, sonnig

Kurz nach drei ist es, am Morgen. Kühe muhen, Hunde bellen, Wapa schnaubt, Tauben gurren … Wir sind umgeben vom nächtlichen Orchester dreier Groß-Bauernhöfe. Immer wieder werde ich wach und schmunzle über das Geschnaufe, Geschabe, Geklappere, Gewiehere und Gebelle um mich herum. Nein, ich ärgere mich nicht, auch wenn die Tiere mir erneut den Schlaf rauben. Dieses nächtliche Konzert habe ich schon oft erlebt, wenn ich draußen geschlafen habe. Und was hätte ich auch anderes erwarten können in einem Dorf, in dem es mehr Kühe als Einwohner gibt? Außerdem gehört es zu den Stevenson-Erfahrungen:

„Es gibt eine Stunde der Regsamkeit – denjenigen unbekannt, die in Häusern leben –, zu der eine den Schlaf unterbrechende Stimmung die schlafende Hemisphäre befällt und alle draußen lebenden Wesen auf die Beine bringt. Diese Zeit ist es, zu der die Hähne erstmals krähen, noch nicht um den Morgen anzukündigen, sondern als freundliche Wächter, die den Lauf der Nacht verkürzen möchten.“[20]

Um Viertel nach fünf kräht ein Hahn. Ich drehe mich im Schlafsack um … Um Viertel nach sechs krähen ALLE Hähne. Ich drehe mich im Schlafsack auf die andere Seite. Um halb acht zieht die erste von drei (!) riesigen Kuhherden an unserem Lagerplatz vorbei, begleitet und gehütet von zwei munteren Hütehunden. Wieder spitzen die Esel neugierig-nervös die Ohren, und wir staunen, wie gewissenhaft und genau die Hunde ein paar Kühe, die zwischen den Bäumen hindurch auf unserer Wiese auftauchen, zurück auf den Weg bringen. Ein perfekt eingespieltes Team.

Frisch ist es noch um diese Zeit am Morgen, aber die Dusche ist herrlich heiß und der Kaffee auch – was für ein Glück! Das Baguette verschieben wir auf später, denn wir haben keine Lust, extra deswegen bis ins Dorf zu laufen. Unser Weg wird uns später ohnehin noch einmal an dem kleinen Laden vorbeiführen, und so hoffen wir, dass wir dann noch ein Baguette für die Vesperpause ergattern können.

Es ist Sonntag. Wir sind erst zwei Tage gewandert, doch meine Hose steht bereits vor Dreck.

„Schau dir nur meine Bluse an!", beschwert sich Anette.

Ich grinse. Das hatten wir doch schon mal. Ich halte ihr im Gegenzug meinen weißen Sonnenhut hin.

„... und der sieht aus, als hätte er tagelang auf der Straße gelegen!"

Auch meine Jacke, ursprünglich eselgrau – das sollte doch eigentlich passen – hat bereits „Spuren" eingesammelt und zeigt deutlich, dass wir zwei Wüstentiere bei uns haben, die beim Striegeln sich selbst und uns in einer Staubwolke verschwinden lassen. Beruhigt lese ich bei Carmen Rohrbach: „Choco, wie alle Esel übrigens, denkt nicht daran, sich nach dem Staubbad zu schütteln.

ERKENNTNIS DES TAGES
Schreibhandwerk ist auf alle Fälle sauberer als Eselhandwerk.

Wenn ich ihn später bürste, werde ich von einer dunklen Aschewolke eingehüllt sein."[21]

Wir beschließen, Planung hin oder her (sie stimmt ja ohnehin nicht mehr), eine kurze Etappe einzulegen, damit wir auf dem nächsten Zeltplatz Zeit zum Schreiben haben und Wäsche waschen können. Landos, so unser Wanderführer, hat knapp tausend Einwohner, eine Apotheke, Einkaufsmöglichkeiten und, laut Info-Heft der Stevenson-Association, einen Campingplatz, der auch für Esel geeignet ist.

Aber wir sind vorsichtig geworden: Wie sieht es dort aus? Gibt es genügend Futter? Einen Weidezaun? Einen Unterstand für die Tiere? Letztlich wissen wir auf dieser Reise noch nicht einmal, was uns hinter der nächsten Wegbiegung erwartet: eine Kuhherde, die die Esel nervös macht, ein halbwilder Hund, der eher *mich* nervös macht, oder gar ein Wolf? Nach den Erzählungen der Leute gibt es hier welche, auch mit einer Kamera seien sie schon gefilmt worden. Noch haben wir zum Glück keinen gesehen oder gehört.

Auch die Infos aus unserem Reiseführer helfen nicht immer weiter: Die angekündigte Trinkwasserstelle gibt es nicht, der Bäcker hat geschlossen oder das Baguette ist ausverkauft, bevor wir kommen, und der kleine Lebensmittelladen im Ort ist schon seit Wochen insolvent und auf unbekannte Zeit geschlossen.

„*Laissez-vous surprendre*", war doch das Motto der Touristeninformation in Lyon. Ob ich denen mal einen Brief schreibe über unsere Überraschungen? Spannung, wie in einem guten Roman. Dieses Noch-nicht-wissen, aber eine Vermutung haben, es könnte sein, dass …, diese Möglichkeitsform, jenes Ungewisse. Es könnte sein, dass es frisches Baguette gibt, aber eben auch nicht … Wir versuchen, zumindest im Hinblick auf unseren Proviant auf Nummer sicher zu gehen, doch selbst das gelingt uns, wie wir noch merken werden, nicht immer.

Vorerst aber genießen wir die Blumen, die hier wachsen, ganze Felder voller herrlich kleiner Blüten in Weiß und Lila oder in Rosa und dazwischen ein paar Sonnenblumen.

Die Landschaft ist flach, der Wind pfeift uns um die Ohren und unter den Pullover. Weit können wir schauen und erahnen in der Ferne schon den Campingplatz. Doch zuvor entdecken wir eine saftig grüne Wiese, suchen uns ein windgeschütztes Plätzchen, lassen die Esel grasen und sind fasziniert, wie wunderbar einfach das tagsüber geht. Wapa und Coquelicot bewegen sich fressend ein wenig von uns weg, doch haben wir nie das Gefühl, dass sie davonlaufen würden. Im Gegenteil. Kaum haben auch wir unser frisches Brot ausgepackt, kommen sie neugierig näher in der Hoffnung, etwas abstauben zu können. Aber sie lernen schnell, dass es aus unserer Tüte nichts gibt. Wir wollen in Ruhe essen und trinken und keine Eselnase im Baguette haben.

Während wir picknicken, überlegen wir, wie wohl unsere Lieblings-Lebens-Landschaft, unsere Seelenlandschaft, aussieht. Beide mögen wir die Weite des Himmels, brauchen den freien Blick bis zum Horizont und könnten nicht in einem engen Tal wohnen. Anette streckt sich im Gras aus und schaut nach oben.

„Ich liebe diese Mischung aus Sonne, Wind und Wolken. Bei uns zu Hause am See macht mich ablandiger Wind angenehm nervös und aktiv. Aber wenn er zu lange bläst, geht er mir auf die Nerven."

„Ja", sage ich, „ich mag auch gerne einen frischen Wind, aber ich liebe auch die Wärme, das Licht und ab und zu einen sanften Südwind. Sturm hatte ich genug im Leben, das brauch' ich nicht mehr."

Um die Mittagszeit nähern wir uns dem Campingplatz, der außerhalb von Landos liegt. Niemand ist zu sehen, und wir überlegen noch, was zu tun ist, als eine junge Frau auftaucht, die uns erst einmal mit abweisendem Blick darauf aufmerksam macht, dass wir uns doch bitte hätten anmelden sollen. Ich bekomme gleich darauf den zweiten Verweis, weil ich nicht auf Coquelicot aufgepasst habe, die mal eben den Geschmack der Hecke testen musste. Gnädigerweise, so empfinden wir das, dürfen wir uns einen Zeltplatz suchen.

Anette wählt mit geschultem Blick vorausschauend den Platz mit der meisten Abendsonne und dem geringsten Wind. Wir laden ab und bringen die Esel auf die Weide. Die Dame will uns helfen, doch lassen sich die Esel von ihr nicht anfassen! Interessant.

Wir bemerken das karge Gras auf der Weide und fragen nach Futter. Ja, sie habe noch ein wenig, das gebe es aber erst morgen früh. Das Wasser ist abgestanden, kein Unterstand weit und breit, und der Wind pfeift unseren Eseln um die Ohren. Immerhin, es gibt einen Platz zum Wälzen, und schon kullert unsere Kleine mit Genuss im Sand. Wir fragen nach frischem Wasser – ja, ja, sie werde es frisch machen, lautet die Antwort.

Wieder einmal sind wir, was unsere Esel anbelangt, nicht wirklich glücklich. Weil wir wissen, dass die beiden Durst haben und Wapa grundsätzlich nur sauberes Wasser trinkt – und nur dann trinkt auch Coquelicot davon – holen wir in unserem kleinen Kochtopf im Waschhaus Wasser gegen den ersten Durst. Die große Eselnase füllt jedes Mal den ganzen Topf aus. Klar, dass wir mehrmals laufen müssen, um den Durst der beiden Langohren zu stillen.

Anschließend wollen wir Wäsche waschen, erfahren aber, dass es hier erst ab 18 Uhr warmes Wasser gibt. Seltsame Regelung, denken wir, und waschen unsere Wäsche mit kaltem Wasser. Mit ein paar Wäscheklammern hängen wir die Socken in den Wind und knüpfen die Blusen und BHs um die Leine, damit nichts davonfliegt. Lustig sieht sie aus, unsere Wäscheleine! Als wir dann endlich duschen gehen können, werden wir darauf hingewiesen, dass alles mit Solarstrom laufe und frau bitte sparsam mit dem Wasser umgehen möge. Ich denke an das Motto: Erfreue dich an den einfachen Dingen des Lebens. Wir freuen uns tatsächlich, weil es immerhin eine warme Dusche gibt.

Während ich das Abendessen zubereite, macht sich Anette an die Arbeit und flickt die zerrissene Packtasche. Als erfahrene Segelmacherin macht sie das richtig gut, dennoch ist es ohne das passende Werkzeug eine Schinderei für sie und ihre Finger. Aber Anette ist zäh, und ich habe ein schlechtes Gewissen, wenn ich an ihre Finger denke. Doch wenn Anette sich einmal etwas in den Kopf gesetzt hat, dann führt sie es zu Ende. So leuchtet schließlich eine herrlich frische Naht auf meiner Packtasche, die mit Sicherheit die nächsten tausend Kilometer hält. Ich spendiere uns einen Rosé zum Abend, den es tatsächlich bei der Campingplatzdame zu kaufen gab. Was für ein Luxus in dieser einsamen Gegend!

Wir stoßen an, auf unsere Reise, unsere Esel und unsere Freundschaft: Vor vielen Jahren habe ich Anette bei einer Bootstaufe kennengelernt, und wir verstanden uns sofort. Auch jetzt, unterwegs, brauchen wir manchmal kaum Worte: Jede von uns packt an, wo es nötig ist. Während die eine das Zelt aufbaut, versorgt die andere die Packsättel, während die eine kocht, geht die andere spülen. Wir arbeiten Hand in Hand, ohne zu planen. Das genieße ich auf unserer Tour ganz besonders.

Natürlich führen wir dennoch jede Menge Gespräche: über die Esel, über uns und unser Leben, über die Politik und den Zustand der Welt. Vor allem abends im Zelt reden wir viel (wenn wir nicht gerade schreiben). Tagsüber hingegen laufen wir mit den Eseln zumeist hintereinander, schweigen gerne und lauschen auf die Stille der Natur. Außerdem trägt der Wind unsere Worte davon und erschwert die Verständigung.

Es wird kühl. Nur sieben Grad sollen es heute Nacht werden. Uns stört das wenig, die Schlafsäcke sind warm, die aufgeladene Solarlampe spendet genügend Licht im Zelt zum Schreiben und wenn der Wind weiterhin derart stark durchs Zelt bläst, schlafe ich eben mit Mütze.

Die Esel haben statt Regendusche den Sandplatz zum Wälzen genutzt, sind aber dennoch nicht recht glücklich heute Abend. Der Wind pfeift über die Weide, kein Baum, kein Schuppen weit und breit, ein bisschen verloren stehen sie da. Auch wir sind nicht glücklich, dass sie sich nicht unterstellen können, und fragen uns, ob wir zu sensibel sind, was unsere beiden Langohren betrifft.

„Der Wind in den Bäumen war mein Wiegenlied. Manchmal klang es minutenlang zusammen mit einem stetig gleichmäßigen Rauschen, das weder Dur noch Moll kannte; dann wieder schwoll es an, brach wie eine tosende Brandung, und die Bäume besprenkelten mich die ganze Nacht über mit den Regentropfen, die am Nachmittag gefallen waren. Nacht für Nacht, die ich in meinem Schlafzimmer unter freiem Himmel verbrachte, habe ich auf dieses verwirrende Konzert des Windes in den Wäldern gelauscht.“[22]

Mich beeindrucken die poetischen Beschreibungen von Stevenson immer wieder, gerade weil ihm der Wind sein Leben lang zu schaffen gemacht hat. Sowohl er als auch seine Mutter waren aufgrund ihrer Konstitution sehr anfällig und vertrugen weder raues Wetter noch kalte Brisen.

Ich liege im Zelt und denke über die verschiedenen Begriffe für Wind nach: Sturm, leichte Brise, Orkan, Tornado, Lüftchen oder auch laues Lüftchen. Schließlich die Bezeichnungen der besonderen Winde auf unserer Erde: Schirokko, der heiße Wind, der, aus der Wüste kommend, ins Mittelmeer bläst. Der kalte Nord-Ost-Passat, den ich auf La Palma kennenlernte, als er mir durch das Schilfgeflecht meiner Outdoor-Dusche hindurch eine tüchtige Gänsehaut machte und mein sonst ausgiebiges Duschvergnügen verkürzte. Ich frage Anette, langjährige Seglerin und Surferin, ob ihr noch andere Winde einfallen.

„Ja klar“, sagt sie, „hier bläst der Mistral, ein starker und kalter Fallwind aus Nord-West. Den bekam wohl Stevenson schon zu spüren und nun will er auch uns das Frieren lehren.“

Ich google ein wenig – wozu haben wir die neueste Technik im Rucksack – und finde heraus, dass die Provenzalen 32 verschiedene Winde kennen. Weiter erfahre ich, dass der Mistral noch viele andere Namen hat: Ist er sehr stark, so heißt er Aurassos, ist er sehr kalt, Cisampo. In Italien nennt man ihn Cierzo oder Maestrale, in Griechenland Maïstrali, in Kroatien Maestral.

Zum Schreiben brauche ich grundsätzlich präzise Begriffe, nicht nur in einer wissenschaftlichen Arbeit; auch der Roman lebt von treffender Wortwahl. Ich kann zum Beispiel schreiben: „Der Wind blies kräftig." In einer Seemannsgeschichte wird es hingegen anschaulicher, wenn ich schreibe: „Der Nord-Ost-Passat zwang die Männer zum Segelreffen." In einem Liebesroman, der auf Sizilien spielt, kann ich mir den Wind noch ganz anders zunutze machen und ihn als Metapher verwenden: „Der Maestrale fegte kalt durch Chiaras Flitterwochen."

Schon immer hat der Wind Schriftsteller oder Wissenschaftler angeregt. Ein ganzer Schatz an lautgebenden Verben findet sich bei dem Mathematiker und Experimentalphysiker Georg Christoph Lichtenberg (1742 – 1799), dem wir auch äußerst geistreiche Aphorismen verdanken: „Es donnert, heult, brüllt, zischt, pfeift, braust, saust, summet, brummet, rumpelt, quäkt, ächzt, singt, rappelt, prasselt, knallt, rasselt, knistert, klappert, knurret, poltert, winselt, wimmert, rauscht, murmelt, kracht, glückset, röchelt, klingt, bläset, schnarcht, klatscht, lispelt [...] schreien, weinen, schluchzen, krächzen, stottern, lallen, girren, hauchen, klirren, blöken, wiehern, schnarren, scharren, sprudeln."[23] Es ist „eine Art von Bilderschrift für das Ohr"[24] – das gefällt mir. Schreibe ich einen Satz wie „Es war windig", ist das wenig konkret. Wenn ich aber wie zum Beispiel Martin Suter mit Worten „male", dann rege ich die Imagination der Leser an: „Ein stürmischer Ostwind hatte den ganzen Nachmittag die Palmen zerzaust und graue Wolkenfetzen vor die Sonne getrieben."[25]

Auch Hilde Domin mit ihrem Gedicht „Windgeschenke"[26] fällt mir ein. Doch während sie den Zauber eines leichten Frühsommers formuliert und von sonnigem Heu und Lindenblüten schreibt, meldet sich hier schon eher der Herbst an, der mich nicht mit „Wolken von Zärtlichkeit" einfängt"[27], sondern uns mit seinen wilden Windgeistern ordentlich durchrüttelt.

„Liebes Zweibein,

wer ist denn nun eigentlich störrisch, die Esel oder die Menschen? Ich finde, Menschen sind viel häufiger störrisch als wir Esel, denn das, was sie störrisch nennen, ist nur unser gesunder Eigensinn, weil wir wissen, was uns guttut, weil wir bei Gefahr stehen bleiben und erst einmal in Ruhe die Lage abschätzen, weil wir uns die Leckerbissen am Wegesrand nur ungern entgehen lassen.

Aber diese Dame heute, die war wirklich störrisch – was wäre denn schon dabei gewesen, ein kleines Lächeln ins Gesicht zu setzen, sich zu freuen, dass da vier Wanderfrauen kommen, die einfach nur ein Plätzchen zum Übernachten wollen? Nein, sauer ist sie, dass da überhaupt jemand kommt. Alors, warum hat sie dann einen Campingplatz, wenn sie Fremde nicht mag? Ist der nur für Einheimische? Und dann pfeift sie mich an, weil ich von ihrer duftenden Hecke ein wenig naschen wollte. Ich fress' sie ja nicht gleich kahl – wollte doch nur mal probieren. Schließlich bin ich auf Reisen, will fremde Dinge entdecken und herausfinden, wie unbekannte Pflanzen schmecken ... Immerhin hat sie, nachdem ihr sie darauf hingewiesen habt, frisches Wasser in die Tonne gefüllt. Mon dieu, ist es denn zu viel verlangt, dass ein Esel frisches Wasser bekommt? Schließlich habt ihr einen ordentlichen Preis für die Übernachtung gezahlt!"

„Liebe Coquelicot,

ja, da gebe ich dir recht. Das Leben könnte oft leichter sein, wenn wir alle uns ein kleines Lächeln schenken könnten. Ich kenne das von mir. Sage ich mir schon morgens „Dieser Tag wird gut" und lächle meinem Spiegelbild entgegen, dann beginnt der Tag ganz anders, als wenn ich mürrisch mein Lächeln unter dem Kopfkissen liegen lasse und es nicht mit in den Tag nehme.

Manchmal erlaube ich mir, den Menschen ein Geschenk zu machen. Immer wenn ich im Supermarkt eine muffelig-müde Frau an der Kasse sitzen sehe, dann lächle ich ihr zu und sage etwas Nettes, das ihr die Arbeit leichter und den Tag ein bisschen schöner macht. Und IMMER lächeln diese Frauen zurück. Lächeln ist wirklich ansteckend."

Eine gute Ausrüstung ist Gold wert – Lesen können auch …

Landos – Jagonas – Arquejols – Pradelles

1. September, Landos, windige elf Grad

Der frische Nordwind ist unser stetiger Begleiter. Stevenson berichtet auf seiner Wanderung von einem „verwirrenden Konzert des Windes"[28] in dieser Gegend und könnte damit auch unsere Situation nicht treffender beschreiben: Die ganze Nacht rauscht der Sturm durch die Baumriesen, er rüttelt und schüttelt sie, zerrt an ihren Ästen. Einzelne Böen wecken mich mehrfach auf, rupfen an unserer kleinen Behausung, blasen mir durch die Zeltwand derart frisch auf den Kopf, dass ich schließlich im Dunkeln nach einem T-Shirt greife und es mir provisorisch als Mütze über den Kopf ziehe.

Morgens bin ich wieder einmal froh über unsere gute Ausrüstung: Die Solarlampe ist perfekt – tagsüber lädt sie sich, am Rucksack hängend, auf, und abends spendet sie ein wunderbares Licht im Zelt. Der Schlafsack ist traumhaft kuschelig warm – da kann auch der kalte Nordost mir nichts anhaben –, mein Taschenmesser, scharf und spitz, erweist sich immer wieder als hervorragend und das Solarladepanel, das ich tagsüber dem Esel auf die Packtaschen schnalle, lädt mir nachts mein Handy. Das Beste aber sind meine Wanderschuhe, über Hunderte von Kilometern wunderbar eingelaufen, und ich hatte noch nie eine Blase.

„Meine Rüstung und Ausrüstung betreffend führte ich einen Revolver, einen kleinen Spirituskocher samt Pfanne, eine Laterne und einige billige Kerzen, ein Taschenmesser und eine große lederne Feldflasche mit mir. Das Hauptgepäck bestand aus zwei kompletten Sätzen warmer Kleidung – neben meinem Reisedreß aus robustem Manchester, einem Regenmantel und einer Strickjacke –, einigen Büchern und einem Plaid, das, ebenfalls in Beutelform, mir in kalten Nächten einen doppelten Schutz bieten sollte. Der Proviantvorrat bestand aus Schokoladenkeksen und einigen Dosen Mortadella. (...) Zum baldigen Verbrauch nahm ich eine Hammelkeule, eine Flasche Beaujolais, eine leere Flasche für Milch, einen Schneebesen und – ganz wie Vater Abraham – eine beachtliche Menge dunklen und hellen Brotes für den Esel und mich mit, nur daß die jeweilige Bestimmung meiner Absicht nach umgekehrt sein sollte."[29]

Noch habe ich nicht klären können, was Stevenson mit dem Schneebesen vorhatte, aber auch er war froh über seine warme Kleidung und die Hammelkeule, gab es doch damals keine Einkaufsmöglichkeiten, und er war darauf angewiesen, was die Bauern, bei denen er übernachtete, ihm auftischten.

Für mich ist und bleibt eine gute Ausrüstung absolut wichtig, sei es beim Wandern, beim Schreiben oder auch ganz grundsätzlich in meinem Leben.

Wenn Blasen die Wanderfüße lahmlegen, wenn morgens im Zelt alles nass ist und erst einmal getrocknet werden muss, dann sinkt nicht nur die Laune, dann ist auch das Vorankommen mühsam. Bin ich schreibend unterwegs, weiß ich, dass ein Bleistift immer funktioniert und sich zur Not mit einem Taschenmesser spitzen lässt. Bei einem Kugelschreiber ist das Funktionieren nicht immer gegeben. Laptop und Handy benötigen Strom, der in einsamen Gegenden gesichert sein muss, wenn man vernünftig arbeiten will. Gerade in Landos merken wir, dass sich nun unsere Outdoor-Erfahrung, die gute Ausrüstung und die vielen Gedanken, die wir im Vorfeld verwendet (nicht: verschwendet) haben, auszahlen.

Schreibende Menschen berichten mir immer wieder von ungeeigneter Ausrüstung: Sie schaffen sich eine angepriesene Software an, stellen dann aber fest, dass sie damit nicht klarkommen oder diese ungeeignet für die eigenen Schreibbedürfnisse ist. Sie sammeln Notizen und Aufzeichnungen, haben aber kein geeignetes System, diese zu archivieren, und vertun nachher viel Zeit mit Suchen. Jules Verne benutzte simple Karteikarten, von denen er 25.000 beschrieb und deren Informationen ihm beim Schreiben seiner Romane zur Verfügung standen.[30] Es muss also nicht immer etwas Aufwändiges sein; aber es muss zu den eigenen Bedürfnissen passen.

Zu einer guten Schreibausrüstung gehört für mich auch ein guter Schreibort, an dem ich ungestört arbeiten kann, an dem ich meine beste Schreibzeit nutzen kann und das für mich passende Material zur Verfügung habe. Ein Seminarteilnehmer war sichtlich erleichtert: Ich hatte eine Weile beobachtet, wie sein Ideenfluss das kleine Blatt mit einer Ideensammlung schier zum Überlaufen brachte, und so legte ich ein DIN-A3 großes Blatt auf den Tisch. Hermann Hesse soll als Vierjähriger ausgerufen haben: „Oh hätte ich doch einen Bogen Papier so groß wie das Spalentor, dann wäre ich glücklich!"[31]

Auch im Alltag ist die „Ausrüstung" wesentlich. Verändern wir sie einmal für mehr Freiraum, für mehr Kreativität oder Leichtigkeit: Tauschen wir die Küchenmaschine aus, die nie wirklich gut funktioniert, ölen die Fahrradkette, damit das Rad wieder leichter läuft, kaufen endlich eine neue Schreibtischlampe, damit uns der Wackelkontakt der alten nicht länger beim Arbeiten stört.

Vielleicht bin ich ein Optimierungs-Junkie, aber warum die Dinge nicht besser – und das heißt für mich, leichter – machen, wenn es mir möglich ist? Ich liebe es zum Beispiel, neue Stifte und Schreibfedern auszuprobieren, spiele mit unterschiedlichen Papier-Formaten, wechsle den Schreibort und schreibe gerne auch mal in einem Café, auf einer Burgmauer, auf einem Bahnhof. Ich stecke meine Nase gerne in neue Wörterbücher und suche mir eine optimale Archivierungsmethode für Zitate, Aphorismen und Fotos. Warum nicht einmal eine neue Software für Literaturverwaltung oder für das Romaneschreiben ausprobieren, um herauszufinden, ob es damit besser geht? Um unnötige Ausgaben zu vermeiden, nutze ich zunächst eine Probeversion.

Wenn die Bedingungen gut sind, das heißt, reflektiert und individuell angepasst, lässt sich effektiv arbeiten. Alfred de Musset schreibt über sich und George Sand: „Ich habe den ganzen Tag gearbeitet. Am Abend hatte ich zehn Verse gemacht und eine Flasche Schnaps getrunken; sie hatte einen Liter Milch getrunken und ein halbes Buch geschrieben."[32]

Ja, unter welchen Bedingungen kann ich gut schreiben oder auch gut wandern?

Ich schaue meine Eseldame an, die brav neben mir her trottet, und überlege, ob ich auf unserer Wanderung etwas vermisse. Nach unseren ersten Eselwandertagen und der zerrissenen Packtasche wäre eine Ahle gut gewesen; sie hätte das Nähen erleichtert, ein Falteimer hätte uns das Tränken der Esel vereinfacht – auch ein paar feste Handschuhe hätten wir durchaus mitnehmen können, und noch immer vermisse ich das für mich passende Tempo. Bin ich (immer noch) zu schnell für die Esel? Sind die Esel zu langsam für mich? Ich ziehe das GPS aus der Tasche und messe unsere Geschwindigkeit. Drei bis vier Kilometer laufen wir in der Stunde, das ist eigentlich nicht so schlecht, und als ein paar Kühe auf der Weide neugierig herbeispringen und unsere Esel auf Trab bringen, sind wir schnell bei sechs bis sieben Stundenkilometern. Ab und zu geht es leicht bergab, und der Wind schiebt von hinten – da kommen wir auf fünf Stundenkilometer. Doch am Ende unserer Tagesetappe liegt unser Schnitt mit all den Foto – und Fresspausen bei zwei.

Wir erreichen Landos und laufen auf dem Gehweg, während neben uns die Autos ins Dorf brausen. Sowohl Coquelicot als auch ich achten auf die Kanaldeckel. Ich weiß, sie hasst sie, denn wenn sie mit ihren Hufen darauf tritt, erklingt ein ungewohntes, seltsames Geräusch. Davor hat sie Angst. Doch dann passen wir vor lauter Schauen und Staunen doch nicht auf, sie tritt auf einen der vielen Deckel, macht einen riesigen Satz zur Seite, schubst mich fast um und landet mit dem Hinterteil auf der Straße. Der Autofahrer, der an uns vorbeifährt, hat viel Abstand gehalten – was für ein Glück! Nicht auszudenken, wenn die beiden zusammengestoßen wären!

Ich erhole mich von dem Schrecken, bin dankbar, dass es noch einmal glimpflich verlaufen ist, und schaue mich um: Hier gibt es feine, kleine Läden. Während Anette unsere beiden an der Bushaltestelle hütet, kaufe ich ein: beim Bäcker Croissants für ein zweites Frühstück, dazu kleine, fettgebackene Bällchen und Baguette. Als ich der Bäckersfrau erzähle, dass wir mit zwei Eseln unterwegs sind, schenkt sie uns noch drei alte harte Stangenbrote. Dann hinein zum Metzger – ein bisschen *Pâté à la campagne*, ein paar Würstchen, etwas *Taboulé* – und weiter geht's zu einem alten Weiblein, das in einer Toreinfahrt eine Handvoll Gartentomaten und ein paar Zucchini feilbietet. Schließlich noch in den kleinen Dorfladen für ein bisschen Saft und Käse, und schon bin ich fertig mit Einkaufen.

Anette ist indessen auch „fertig" – wieder einmal ist sie von einem Dutzend Wanderern mit Fragen bestürmt worden.

„Oh, darf ich ein Foto machen?" „Ach, sind die süß!" „Sind Sie schon lange unterwegs?" „Wie viel frisst denn so ein Esel?!" „Wie alt ist er denn?" „Ah, darf ich ein Foto von Ihnen machen?" „Sind das Ihre eigenen Esel?" „Woher kommen Sie denn?" „Gehen Sie den gesamten Stevenson-Weg?" „Oh, Sie sind ja DAS Symbol des Stevenson-Weges!"

Gefühlte 500 Mal sind wir auf unserer Reise fotografiert worden, und mehr als einmal war es wirklich aufdringlich. So sehen wir zu, dass wir uns davonmachen und die vielen bunten Menschen mit ihren Fragen und Rucksäcken hinter uns lassen. Endlich kehrt Ruhe ein. Weite Hügel, halb verlassene Weiler, ein Milan zieht seine Kreise über uns, Stille, ab und zu ein Traktor in der Ferne.

Vor Jahren wollte ich meinen Sohn besuchen – er studierte damals im Ausland –, und ich hatte keine Lust, das Wochenende überwiegend im Auto zu verbringen, nur um ihn zu sehen. So beschloss ich zu fliegen, gab eine Reisetasche auf und hatte nur einen kleinen roten Rucksack als Gepäck bei mir. Er fühlte sich so wunderbar leicht an, wie er über meiner Schulter hing, und ich weiß noch, wie ich dachte: „Das ist DAS Symbol für meinen Lebensrucksack!" So leicht und einfach sollte sich mein Lebensrucksack anfühlen. Ich überlegte, was ich Tag für Tag in ihm mit mir herumtrug, und habe ihn damals in einem übertragenen Sinn ausgepackt und sortiert. Ich habe mich gefragt: Was sind meine Fähigkeiten und Fertigkeiten, meine wichtigen Erfahrungen im Leben, meine Wurzeln, die Dinge, die mir Kraft geben? Sie alle sollten wieder hinein in den Rucksack, weil sie täglich wichtig waren.

Doch was waren die nervigen Dinge, die unerfreulichen Lasten, der überflüssige Stress? Auch hier habe ich einiges gefunden. Manches konnte ich tatsächlich relativ leicht loswerden, anderes bedurfte einiger Anstrengung, haben wir doch über all unsere Lebensjahre hinweg bestimmte Strukturen angelegt – nicht immer sind sie hilfreich und leicht auszutauschen gegen nützlichere und gesündere.

Seitdem habe ich immer wieder einmal mein „Lebensgepäck" angeschaut. Was trage ich auf meiner Lebenswanderung mit mir herum? Ist alles wirklich (noch) tauglich? Ist manches (inzwischen) zu viel und überflüssig? Was fehlt für eine gute leichte Wanderung durchs Leben? Was ist wirklich wichtig oder eben doch nur Ballast?

Wieder fällt mir Stevenson mit seinen zwölf Regeln ein. Die achte lautet: *Débarrasse-toi de tes rancœurs. La haine, l'envie et la colère* te rongeront de l'intérieur. Befreie dich von deinem Groll. Hass, Neid und Wut fressen dich sonst von innen heraus auf.

Auch diese Dinge wiegen schwer in einem Lebensrucksack. Ein Ratschlag von Johannes von Müller, einem Schweizer Historiker des 18. Jahrhunderts, lautet, man solle niemandem etwas nachtragen, denn wir hätten doch alle schon genug zu schleppen.

Vor vielen Jahren habe ich auf einer Wanderung eine interessante Erfahrung gemacht. Es ging steil bergauf, und in meinem Kopf tobte ein innerer Monolog, weil ich mich (noch immer oder schon wieder) über eine Bekannte aufregte. Plötzlich merkte ich, wie mühsam ich mich den Berg hinaufquälte, als hätte mich meine sonst durchaus vorhandene Kondition verlassen. Ich beschloss, etwas auszuprobieren: Ganz bewusst ließ ich das Thema fallen, stoppte den inneren Monolog, schaute mir die Landschaft an, nahm Sonne, Wind und Berge bewusst wahr und war erstaunt, um wie viel leichter ich plötzlich die Steigung bewältigte.

Unser Weg führt uns nach Jargonas. Wie in anderen Weilern gibt es auch hier leer stehende Häuser, unbewohnte Ecken, Zerfallenes. Ein kleines, liebevoll restauriertes Haus leuchtet mit blauen Fensterläden und Blumen inmitten dieser Tristesse der Verlassenheit.

Dann Arquejols – wieder so ein (fast) verlassener Weiler.

Doch diesmal trauen wir unseren Augen nicht: Ein frisch herge-
richtetes Haus mittendrin im Nirgendwo entpuppt sich als Café – und
es ist sogar geöffnet. Eine kleine Bank und ein Tisch vor der Tür, Blumen in einer Vase, auf der Karte Bio-Kaffee und Bio-Tee, dazu allerlei
vegetarische Gerichte.

„Hey", ruft Anette, „wie wär's mit einem Kaffee?"

„Was für eine Frage! Du kennst mich doch!", antworte ich, und
schon lasse ich den Rucksack vom Rücken gleiten.

Überall zwischen den Häusern wächst saftiges Gras, so dürfen
die Esel einfach frei grasen und wir bestellen: *„Deux Cafés au Lait,
s'il vouz plaît!"* Wenig später serviert
der Besitzer das Gewünschte mit frischer, heißer Milch und erzählt uns, es
gebe in ganz Frankreich nur zwei Roh-
kost-Restaurants – eins sei in Paris,
das andere hier. Wir staunen. Wie ver-
schlägt es einen Menschen in diese
einsame Gegend? Der Stevenson-Weg

ERKENNTNIS DES TAGES
*Der Weg ist (doch) das
Ziel, und Cafés können
zur rechten Zeit vom
Himmel fallen.*

bringe Gäste, erklärt der junge Mann, seine Frau biete Seminare über
vegane Ernährung an, arbeite als Englisch-Lehrerin, und die Stille
und Ruhe ziehe so manchen Gast an.

Gerne wären wir geblieben und hätten diese vielversprechende
Küche ausprobiert – doch wir haben gut eingekauft und ohne Kühlschrank würden unsere Dinge verderben – so wandern wir weiter ...

Der Weg ist geruhsam und abwechslungsreich – die Esel laufen
tüchtig, wir machen Pausen und genießen die Kräuter: die Zwei-
eine mit den Augen, die Vierbeine mit dem Maul.

Langsam komme ich ein wenig zur Ruhe, doch nach wie vor bin
ich nicht eins mit dem Tempo der Esel. Das Dahingezockele mit drei
bis vier Stundenkilometern entspricht nicht meinem „natürlichen"
Tempo", doch was ist natürlich?

In Landos hatte ich mir während meines kleinen Einkaufs einen
Spaß erlaubt. Ich bin mit meinem alltagsüblichen Einkaufstempo von

Laden zu Laden gelaufen und habe dabei auf das GPS geschaut – ja, ich war bei über sechs Kilometern pro Stunde. Kein Wunder also, dass das nicht zusammenpasste, wenn mein Alltagstempo doppelt so hoch war. Wie aber drei Gänge runterschalten?

Mein Lebenstempo war jahrelang recht hoch: Haushalt, Vollzeit-job, Familie … Der typische Spagat eben, den viele Frauen stemmen. Zudem bin ich in einer arbeitsamen Familie aufgewachsen, immer gab es zu tun – im Haus, im Garten, im Urlaub – Lernen, Sport machen, Reitstall – immer war ich aktiv – nur so rumsitzen ging gar nicht, außer ich las, lernte, schrieb. Das berühmte *dolce far niente* war in meiner Familie und lange auch in meinem Leben ein Fremdwort.

Wie geht dieses Nichtstun? Und will ich tatsächlich NICHTS tun? Aber worüber mache ich mir Gedanken? Auf dieser Wanderung besteht kaum die Gefahr des Nichtstuns. Von morgens sieben bis abends sieben sind wir auf Achse mit unseren Eseln, mit Striegeln und Hufeauskratzen, mit dem Auf- und Abbauen des Zeltes, mit unserem Weg. Vielleicht muss es auch nicht das Nichtstun sein, sondern die Möglichkeit, die Gangart des Lebens flexibel zu wechseln, nicht immer nur im sechsten Gang unterwegs sein zu müssen, sondern auch einmal den dritten oder gar zweiten zu nutzen.

Mir wird bewusst, dass ich die größte Flexibilität beim Schreiben habe. Hier kann ich wirklich das Tempo variieren, kann frei und spontan drauflosschreiben, wenn ich mir ein Thema erschreiben will, kann endlos langsam schreiben, wenn es um das exakte Setzen einiger weniger Worte geht. Auch beim Lesen bin ich flexibel – ich kann mir zügig einen Überblick verschaffen, große Mengen Text verarbeiten, wenn es sein muss. Ich kann aber auch langsam und genussvoll lesen, wenn es um eine feine Sprache, ein gelungenes Gedicht geht. Ob ich mir diese Flexibilität auch im Leben noch aneignen kann?

Am späten Nachmittag erreichen wir Pradelles, überqueren den Marktplatz mit seinen wunderschönen Arkaden und verlassen das Städtchen in Richtung Süden, denn dort liegt der Campingplatz. Wieder einmal verfluchen wir die Hufeisen der großen Eseldame, denn sie rutscht auf den steilen Asphaltsträßchen mehrfach aus. Während Anette versucht, sie in aller Langsamkeit und Vorsicht zu führen, halte ich immer wieder die Luft an, denn auch für Wapa ist dieses unsichere Laufen alles andere als schön.

Endlich erreichen wir den Campingplatz – und sind entsetzt! Die Schranke zu, die Zelte weg, die Wasserhähne bereits für den Winter eingepackt, gähnende Leere. Ich schaue in unseren kleinen Wanderführer: „Der Campingplatz in Pradelles schließt bereits zum 31. August" – das hatten wir tatsächlich übersehen. Wie heißt es so schön? Wer lesen kann, ist klar im Vorteil.

Ein Eselverleih in der Nähe, der auch Jurten mit Solardusche und Küchenbenutzung vermietet, ist inzwischen insolvent, wie uns eine Frau erzählt. Verrückt – ich war ja darauf hingewiesen worden, dass wir uns bitte anmelden sollen, und ich hatte auf beide Anrufbeantworter gesprochen. Doch wird uns jetzt klar, dass es nicht nur keine passende Ansage, sondern wahrscheinlich überhaupt niemanden am anderen Ende gegeben hatte.

Nun gut. Wir können nicht einfach auf dem leeren Campingplatz das Zelt aufstellen. Für uns wäre das eine Lösung, nicht aber für die Esel – außer trockenen Hecken gibt es hier nichts – kein Gras, kein Heu, kein Wasser. Sie würden sich nachts fressend auf die Suche begeben, und meine neugierige Coquelicot würde sich sicherlich auf der nahegelegenen *Route Nationale* wiederfinden. Für die Esel zu gefährlich, für uns gepaart mit einer schlaflosen Nacht. Wieder einmal stehen wir vor der Frage: Wohin mit unseren Vierbeinern?

Ich spiele tatsächlich mit dem Gedanken aufzugeben, doch Anette denkt nicht daran – das liegt nicht in ihrem Wesen, ist sie doch bereits Ende der Achtziger den *West Coast Trail* in Kanada gelaufen, hat sich kilometerweit durch knietiefe Matsche vorwärts gearbeitet und das mit 15 Kilogramm Gepäck auf dem Rücken. Dagegen ist das hier ein Klacks. Also telefoniere ich sämtliche *Gîtes d'Etape* und *Chambres d'hôte* auf unserer Liste durch. Immer wieder höre ich nur „*Nous sommes complets*" – oder: „Wir nehmen keine Esel!"

Nun will ich schon wirklich die Hoffnung aufgeben, als mein aller-
letzter Anruf bei der allerletzten Möglichkeit ein Zimmer für uns und
eine Eselwiese für unsere Damen verspricht. Also gehen wir zurück
nach Pradelles. Wir sind ja heute noch nicht so viel gelaufen und ein
bisschen Bewegung hat noch niemandem geschadet!

Jean-Raymond, der Vermieter, wartet bereits vor der Tür auf uns,
hilft abladen und begleitet uns auf die Eselwiese, die ein Stückchen
außerhalb der Ortschaft liegt: Hier gibt es einen Bach, Kraftfutter
aus dem Eimer, Gras ohne Ende, einen Sandplatz zum Wälzen und
sogar eine Unterstellhütte. Das ist wohl die Fünf-Sterne-Unterkunft
für unsere Esel.

Wieder zurück, schleppen wir unser schweres Gepäck bis in den
zweiten Stock hinauf, werfen uns auf die Betten und atmen auf. Wie
war das mit dem Nichtstun? No way!

Wir beschließen, ungeduscht in die Gaststätte nebenan zum Essen
zu gehen, denn es ist schon spät, und die Küche, so sagt man uns,
mache bald zu. Wir betreten die „Brasserie du Musée", die voller Ste-
venson-Weg-Wanderer ist, erobern die beiden letzten freien Plätze
und fragen nach der Karte. Der Wirt erklärt uns, dass das Fischfilet,
das wir bestellen wollen, aus sei.

„Dann nehmen wir halt den *Plat du jour"*, meint Anette und schaut
ihn erwartungsvoll an.

Das sollten wir lieber nicht essen, erklärt uns der Wirt, denn das
„Tagesgericht" sei merkwürdig – vielerlei Fleisch zusammengepresst.
Wir vermuten so etwas wie Presskopf, den Namen verstehen wir nur
halb und finden ihn auch in keinem Wörterbuch. Später stellt sich
heraus, dass wir Glück hatten – *Maouche hätte es gegeben*, Schweinefleisch und Kohl in Schweinepansen. Im Reiseprospekt finde ich
noch ein ähnliches Gericht: *Manouls*, Hammel- und Kälberkutteln,
zusammengeschnürt und mit Karotten und Kräutern mehrere Stunden in Weißwein gekocht. Auf beides kann ich wunderbar verzichten!
Ich esse kein Kalbfleisch, auch Schweinefleisch brauche ich nicht, und
um Innereien mache ich seit meiner Studienzeit einen großen Bogen.

Wir stehen ohnehin eher auf vegetarisch, auch wenn das auf dieser Reise nicht so einfach ist. Dennoch fragen wir nach Gemüse. Nein, das Gemüse sei auch alle. Wir verlieren langsam die Geduld, doch der Wirt ist nett, und so beauftragen wir ihn, doch das zu bringen, was die Küche um diese Uhrzeit noch bietet: *Confit de Canard* gibt es noch, und Anette ruft: „... und ich bekomm ein Bier!" Wir sind zufrieden.

Die gebratene Ente kommt mit Pommes frites und grünen Linsen. Eine ungewöhnliche Mischung, doch wir haben Hunger, und es schmeckt. Die grünen Linsen sind eine Besonderheit und wurden auf den nährstoffreichen Vulkanböden dieser Gegend schon zu Römerzeiten angebaut. Ganz ohne Dünger. Sie sind wirklich aromatisch, werden in der feinen Küche verwendet und gelten als Champagner unter den Linsen. Da sie eine kurze Kochzeit haben, will ich sie zu Hause auf alle Fälle ausprobieren.

Der Wirt erzählt, er sei sogar im Stevenson-Film, der auf Arte lief, mit von der Partie. Sicherlich werde ich mir diesen Film nach unserer Reise einmal anschauen – nicht wegen des Wirts, eher wegen der Sichtweise der Filmemacher, die mich interessiert.

Nach dem Essen bummeln wir durch Pradelles, das im 11. Jahrhundert als Festung auf 1150 Metern Höhe angelegt wurde. Von hier oben haben wir einen traumhaften Panoramablick und genießen den Sonnenuntergang, der die weite Hügellandschaft in bizarres Licht taucht. Es wird still, und die eiskalte Abendluft beißt mir in meine Zehen, denn ich habe die Wanderschuhe unvorsichtigerweise gegen die leichten Sandalen getauscht.

Pradelles liegt aber nicht nur am Stevenson-Weg, sondern auch am *Chemin de la Régordane*, einem bedeutenden Pilger- und Handelsweg. Der ehemalige Reichtum ist heute noch sichtbar: mehrstöckige Häuser, schöne Arkaden, ein mittelalterliches Stadttor.

Wir lassen den Tag Revue passieren. Unsere Wandergeschwindigkeit ist gering, aber wir wollen unsere Sinne nähren, dem Roten Milan beim Fliegen zuschauen, an der wilden Bibernelle riechen, den Café au Lait in Arquejols in der Sonne genießen, Fotos machen, Notizen festhalten. Es ist, wie es ist, und so beschließen wir, dass wir uns nicht länger unter Druck setzen, um die geplante Tour zu schaffen, sondern einfach schauen, wie weit wir kommen.

„*Liebe Karin,*

was für ein Glück, dass ihr durchgehalten habt, so können wir heute Nacht dieses wunderschöne Eselzuhause genießen. Die Menschen sagen, wir seien genügsam, doch auch genügsame Esel wollen einmal eine Fünf-Sterne-Unterkunft. Warum nicht ab und zu ein bisschen Luxus?“

„*Liebe Coquelicot,*

wie recht du hast! Ab und zu ein bisschen Luxus hat etwas. Dabei fällt mir Julia Cameron ein. In ihrem Buch empfiehlt sie eine Übung, bei der man zehn Dinge auflisten soll, die weniger als 50 Euro kosten und einem dennoch das Gefühl von Luxus vermitteln.[33] Soll ich dir meine Liste verraten?

Im Sommer ein großes Schälchen Himbeeren kaufen
Frühstücken gehen mit meinem Sohn mitten in Zürich
Ein Gläschen Tinte von Abraxas für meinen Füller
Einen Tag Zeit für einen guten Roman
Ein Besuch im Thermalbad
Ein Espresso am Canal Royale in Sète trinken
Ein Mondscheinabendessen mit dem Liebsten am See
Ein edles Tagebuch kaufen
Ein Konzert besuchen und genießen
Ein Küchenbrett aus Kirschholz“

So langsam wird's – oder doch nicht?

Pradelles – Langogne – Saint-Flour-de-Mercoire – Sagne-Rousse – Fouzilhac

2. September, Pradelles, sieben Grad

Heute brauchen wir keinen Wecker. Vor unserem Fenster laden Menschen Gemüsekisten ab, diskutieren, gestikulieren – das kleine Städtchen mit seinen paar Hundert Einwohnern ist früh auf den Beinen. Der Kaffeeduft lockt uns hinunter in den ersten Stock, in dem ein herrlich gedeckter Frühstückstisch wartet: dreierlei Brot, sieben Sorten selbstgekochte Marmelade, ein prall gefüller Obstkorb, Kaffee, Tee, Orangensaft.

Danièle, Jean-Raymonds Frau, ist für uns die passende Gesprächspartnerin: Sie hat jahrelang im Ausland gelebt, und so tauschen wir Reise- und Lebenserfahrungen aus, aber auch Marmeladen-Rezepte, schmeckt doch ihre Hagebuttenmarmelade genau wie früher bei meiner Großmutter. Mit am Tisch sitzt ein französisches Pärchen, mit dem wir uns schon am Abend zuvor in der Brasserie unterhalten haben. Der Mann kennt unsere Heimatstadt Friedrichshafen, denn er war dort als junger Mann stationiert, um seinen Militärdienst zu leisten. Die Welt ist klein!

Die Esel sollten nach ihrem Fünf-Sterne-Aufenthalt gut satt sein. Daher planen wir heute weniger Fresspausen ein, denn die Etappe ist lang, und wir wollen nicht zu spät in Fouzilhac ankommen. Der Campingplatz dort sei sehr gut, sagt Jean-Raymond. Das beruhigt uns. Ich habe uns, allen vorherigen Erfahrungen zum Trotz, per Anrufbeantworter angekündigt, und so hoffen wir, dass an diesem Abend endlich wieder einmal alles klappen wird.

Wir putzen die Esel auf der Weide und satteln sie schließlich vor Jean-Raymonds Haustür, mitten auf der Place de Foirail. Coquelicot trippelt nervös herum, kann das Loslaufen kaum erwarten und stürzt sich mit einem flotten Tempo auf den Weg, voller Neugierde und Lauflaune. Doch als es nach sechs Kilometern bergauf geht, macht sie fast schlapp, legt sich in der Mittagspause mitsamt ihren Packtaschen wie ein Kamel auf die Wiese und döst. Wapa zeigt sich als die Erfahrenere: Sie läuft in gleichmäßigem, nicht zu schnellem Tempo los und hält dieses konstant durch. Sie kann sich ihre Kräfte durchaus einteilen.

Wieder einmal erkenne ich eine Parallele zum Schreiben: Wer große Projekte vor sich hat, zum Beispiel einen Roman oder eine Dissertation, braucht einen langen Atem, muss seine Kräfte einteilen, die Zeit gut planen. Und auch „nach hinten raus", nach Vollendung der ersten Textfassung, muss noch genügend Zeit und Energie zum Überarbeiten übrig sein.

Wer gleich losschießt wie Coquelicot und einen halben Roman aus der Feder fließen lässt, ohne Planung und Überlegung, dem geht vielleicht auf halber Strecke die Luft aus, dem fehlt nachher die Energie für mehrmaliges Überarbeiten und für einen guten Schluss. Wer hingegen kontinuierlich an seinem Werk dranbleiben kann, so wie Wapa, der läuft souveräner ins Ziel. Zumindest ist das meine Erfahrung.

Dennoch nutze ich beim Schreiben beide – oder eigentlich mehrere – Strategien. Ich frage mich zumeist: Wann ist es sinnvoll und angebracht, dass ich einfach drauflosschreibe? Wann sollte ich besser planen und mit Bedacht vorgehen? Wie kontinuierlich sollte ich schreiben? Wann und wie viele Pausen machen? Welche Art von Schreibprojekt habe ich überhaupt vor mir? Wann muss es fertig sein? Schreibe ich über etwas, das ich bereits gut kenne und planen kann, oder über etwas Neues, das ich mir mit einem ungezügelten Drauflosschreiben (am Computer oder auch von Hand) erst einmal *erschreiben* muss?

Vor Jahren ging es mir wie Coquelicot: Ich hatte eine Idee für einen Jugendroman, und er floss mir seitenweise aus der Feder. Es fing an, Spaß zu machen, und so schrieb ich weiter – so lange, bis ich irgendwann festhing und nicht mehr wusste, wie es weitergehen sollte. Pause war angesagt. Andere Projekte habe ich vorher systematisch geplant, dann erst mit dem Schreiben begonnen – und sie längst abgeschlossen.

Während ich an diese Parallele denke, steht vor mir in der Luft ein Falke. Die Vogelperspektive. Wie wichtig sie manchmal ist! Dieser Blick von oben auf den gesamten Text hat mir damals bei meinem Jugendroman sehr geholfen: Ich habe eine Art Landkarte entworfen, mir die Ausgangslage der Hauptfigur bewusst gemacht, ihre einzelnen Etappen und Entwicklungsschritte, auch die Orte, an denen die Handlung spielte, und die Menschen, denen mein Protagonist begegnete. Es war ein spannender Prozess, denn mir wurde klar, dass das, was da aus meiner Feder geflossen war, gar nicht so unlogisch war, wie ich dachte. Es hatte durchaus Struktur. Deutlich wurden jetzt aber auch die nicht schlüssigen Stellen, die es noch zu überarbeiten galt.

Am Anfang von Stevensons berühmtem Roman „Die Schatzinsel" stand übrigens auch eine Karte, ein Lageplan: „Bei einer dieser Gelegenheiten zeichnete ich die Karte einer Insel; sie war detailreich und – dachte mir – wunderschön bunt; ihre Umrisse packten meine Fantasie unaussprechlich; sie wies Häfen auf, die mir so gut gefielen wie Sonette; und in der Bewusstlosigkeit des Vorherbestimmten nannte ich meine Hervorbringung ‚Schatzinsel'."[34] Wenn auch umstritten ist, ob diese Karte ursprünglich nicht Stevenson selbst, sondern sein Stiefsohn Lloyd Osbourne gezeichnet hat, so war sie dennoch eine gute Ausgangsbasis für den Roman.

Interessanterweise beginnen auch in der Biografiearbeit viele Übungen mit dem Zeichnen einer Landkarte des Lebens. Ja, auch hier lässt sich tatsächlich ein Weg aufzeichnen vom Beginn der Reise (Geburt) bis zum momentanen Lebenspunkt. All die Stationen, die Wohnorte, die Menschen, die uns begegnet sind und die uns ein mehr oder weniger langes Stück Weg begleitet haben, die Erfahrungen, die wir gemacht haben, die Höhen und Tiefen unseres Lebens… Bei Christa und Emil Zopfi heißt diese Übung „Lebenspanorama"[35], bei Ulrike Scheuermann „Mein Lebens-Fluss"[36] und bei Hubert Klingenberger „Von Trassen und Stationen"[37].

Egal, ob wir unsere Lebensreise mit einem Höhenprofil beschreiben, mit einem Flusslauf oder einer Eisenbahnstrecke – diese Übungen sind für mich immer wieder aufschlussreich gewesen und haben mich darin unterstützt, einen Überblick über mein Leben zu gewinnen und neue Pläne zu schmieden.

Mittlerweile haben wir Langogne erreicht und müssen mit den Eseln über die Brücke, die gleichzeitig die N88 ist: Das heißt Verkehr ohne Ende, Lieferwagen, Busse, Lkw. Wieder einmal erweisen sich unsere Eseldamen als absolut verkehrssicher. Wir folgen Jean-Raymonds Rat, laufen trotz Verkehr auf der Fahrbahn, denn mit ihren Packtaschen passen unsere Esel nicht auf den schmalen Fußweg der Brücke. Während wir hellwach und konzentriert sind, bleiben die Tiere erstaunlich ruhig und laufen ihr Tempo. Auch die Autofahrer haben ausnahmsweise einmal Verständnis, hupen nicht, überholen in Ruhe, wenn frei ist. Sogar der Fahrer des Fünfzehntonners, der uns entgegenkommt, drosselt – vielleicht eher vor Erstaunen – seine Geschwindigkeit.

Dann geht es unter der Eisenbahn hindurch in einen 30 Meter langen Tunnel. Es ist stockdunkel, und von hinten kommt ein Auto. Was jetzt? Wir haben schließlich keine Rücklichter. Doch glücklicherweise sind die Esel voll in ihrem Wanderelement und fühlen sich nicht bedrängt. Und weiter geht es, vorbei an scheppernden Kleinlastern und an einem rangierenden Wohnmobilchaoten, der uns völlig übersieht. Dass all diese Geräusche unseren Langohren nichts ausmachen!

Wir bewundern die Alte Markthalle aus dem 18. Jahrhundert und auch unsere Eseldamen, wie sie mitten in der Stadt mit stoischer Ruhe am Brunnen saufen. Uns beiden Frauen geht das Gewusel und Gelärme langsam auf die Nerven, müssen wir doch unsere Augen überall haben und stets gut auf unsere Begleiterinnen achtgeben. Coquelicot wird schließlich doch noch nervös, weil sie Schwierigkeiten hat, nach dem Zebrastreifen die Bordsteinkante zu erwischen. Sie setzt ihre Schritte zu kurz und rutscht zweimal ab. Was sind wir froh, als wir endlich die letzten Häuser hinter uns gelassen haben!

Doch leider ist die gewünschte Abwechslung gar nicht in unserem Sinne, denn wir folgen einer langgezogenen, endlos erscheinenden Erdpiste. Die Sonne glüht auf Haut und Hut, unsere Wasserflaschen sind leer. Wir sehnen uns nach ein paar Bäumen, die ein bisschen Schatten spenden.

Während uns der Weg durch die Stadt zu aufregend war, wird uns nun fast langweilig. Diese breite, gerade Piste ödet uns an. Lieber sind uns die kleinen Trampelpfade und Heckenwege.

Wieder entdecke ich eine Parallele zum Leben: Welcher Lebensweg liegt mir? Was wünsche ich mir? Möchte ich im Leben unterwegs sein wie auf einer Autobahn, schnell und ohne Hindernisse? Oder möchte ich die Landstraße nehmen, gut asphaltiert, aber in gemächlicherem Tempo? Möchte ich neugierig durchs Leben gehen, viel Zeit haben für die Dinge und Menschen am Wegesrand, täglich Neues entdecken und den Rhythmus meinem eigenen Herzschlag anpassen? Heute erlebe ich es intensiv: Beim Wandern erobere ich mir die Landschaft, den Raum um mich herum auf eine ganz andere Art als beim Autofahren. Ich bin mit allen Sinnen unterwegs und mittendrin, schaue nicht nur durch eine Scheibe hinaus, hinter der die Landschaft an mir vorüberfliegt. Beim Wandern werde ich beschenkt mit einer Mischung aus Sinneseindrücken – ich spüre den Wind und die Sonne, ich rieche die Kräuter oder die Nähe einer Kuhherde und nehme darüber hinaus eine Art Gesamtheit an Geruch wahr. Die Luft eines klirrenden Wintermorgens riecht anders als die einer lauen Sommernacht – und das liegt nicht nur an der Temperatur.

Das Wandern durch die Landschaft gibt mir auch ein anderes Gespür für ihre Form. Während wir die Natur für unsere Straßen und vor allem für die Autobahnen in der Regel „flach" gemacht haben (durch Tunnel und Brücken, durch Abgraben und Auffüllen großer Erdmengen usw.), erlebe ich beim Wandern noch das natürliche Auf und Ab einer Gegend. Ich folge diesen Linien, nehme den gleichen Rhythmus von Höhen und Tiefen an wie sie.

Und auch das ist für mich wiederum eine Parallele zum Leben: Jedes Leben hat Höhen und Tiefen, keines verläuft eingeebnet auf der immer gleichen Höhenlinie – auch wenn wir gerne Versuche unternehmen, genau das zu erreichen. Denn das Bergauf ist anstrengend und das Bergab meist nicht weniger mühsam. Zudem wird das Bild „Es geht bergab" im Leben wie im geschäftlichen Sinn negativ verstanden. Aber haben wir nicht gerade heute diese massiven globalen Probleme, weil wir (noch immer) davon ausgehen, dass das wirtschaftliche Wachstum eine stetige Aufwärtsbewegung ist, dass es immer weiter nach oben gehen muss, immer höher, schneller, weiter? Kritische Geister betonen, dass in einer endlichen Welt auch das Wachstum endlich sein muss. Und wer genau hinschaut, sieht, dass es in diesem stetigen Aufwärts für viele Menschen tatsächlich abwärts geht.

Die Landschaft weckt mich aus meinen Gedanken, denn wir überqueren das kleine Flüsschen Langouyroux, das mich darauf aufmerksam macht, wie schön und treffend unsere Sprache ist:

Der Strom strömt.
Der Fluss fließt.
Das Rinnsal rinnt.

Und der Langouyroux – er plätschert und gluckert, gluckst und gurgelt, glitzert und gleißt.

Ich liebe es, direkt an einem Flusslauf zu wandern. Das Fließen tut mir gut, die Frische des Wassers erfrischt auch mich, meinen Körper, meinen Geist. Aber auch im Leben geht es mir gut, wenn alles im Fluss ist, keine Hindernisse den Lebensweg versperren. Das Wort Flow fällt mir ein, das heute geradezu zum Modewort geworden ist. Unter schreibenden Menschen hat es eine besondere Bedeutung: Wer liebt es nicht, wenn sich die Texte wie von alleine schreiben, wenn die Worte ohne Zutun auf das Papier oder in den Rechner fließen? Und wer kennt andererseits nicht die Phasen, in denen der Schreibfluss versiegt – die klassische Schreibblockade?

Auch Stevenson hat diese Erfahrungen gemacht. Als er seine „Schatzinsel" an einem kalten Septembermorgen begann, floss ihm ein Kapitel nach dem anderen aus der Feder. Fünfzehn Tage lang schrieb er täglich ein Kapitel, doch dann ging plötzlich nichts mehr.[38] Stevenson hat das getan, was in einem solchen Moment sinnvoll ist: Er ließ die Schreibarbeit liegen und beschäftigte sich mit anderen Dingen, anstatt darauf zu beharren, dass die Geschichte nun unbedingt weitergeschrieben werden musste.

Monate später fuhr er seiner angeschlagenen Gesundheit wegen zur Erholung nach Davos: „Nachdem ich mein Reiseziel erreicht hatte, setzte ich mich eines Morgens an meinen unbeendeten Roman und – siehe da! – wie eine leichte Plauderei entfloß es mir der Feder, und von neuem Arbeitseifer fortgerissen und wieder mit dem Maße von einem täglichen Kapitel führte ich die ‚Schatzinsel' zu Ende."[39]

Auch wenn das Warten und die Beschäftigung mit etwas anderem gute Möglichkeiten sind, eine Schreibblockade aufzulösen, ist es nicht immer möglich, diese Mittel auch anzuwenden. Es gibt viele Aufgaben, die durch einen Termin bestimmt sind und pünktlich fertig werden müssen: Seminar- und Abschlussarbeiten von Studierenden, Protokolle und Tagungsberichte für den Chef, ein Artikel für die Tageszeitung oder für ein Magazin.

In solchen Fällen gibt es für mich zwei Varianten: Entweder verschaffe ich mir Bewegung in der Natur und lasse meinen Kopf durch das stetige Laufen an der frischen Luft wieder frei werden, wieder offen für Neues. Oder ich bewege mich auf dem Papier: fange an zu kritzeln und zu malen, schreibe einzelne Worte nieder, die entfernt mit dem Thema zu tun haben; manchmal entstehen halbe Sätze oder auch ganze, die mich wiederum auf eine Idee bringen, wie es weitergehen könnte. Ich denke sozusagen auf dem Papier, bummle, spaziere oder wandere über das Blatt. So kann ich mit etwas Abstand meinen eigenen Gedanken folgen, die sich zumeist auf diese Weise klären.

Auch im Leben habe ich mir angewöhnt, nicht immer zu warten, sondern auch mal aktiv nachzuschauen, was da gerade im Weg liegt und mein Handeln und Sein blockiert. Manchmal ist es hilfreich, einfach den Küchenschrank oder den Kleiderschrank neu zu sortieren, Ungetragenes endlich in den Sack fürs Rote Kreuz zu packen, aus (fast) abgelaufenen Lebensmitteln ein Menü zu zaubern oder im Keller wieder einmal Platz zu schaffen. Egal, wo ich anfange, ich habe immer den Eindruck, dass das Anpacken auch an anderer Stelle etwas auf- und auslöst.

Während ich über das Fließen, den Flow, das Wasser sinniere, stellt sich heraus, dass unsere Eseldamen das Wasser überhaupt nicht mögen. Jean-Raymond hat uns noch darauf hingewiesen, dass die Esel durch die Wasseroberfläche irritiert würden, weil sie nicht abschätzen könnten, wie sicher der Untergrund ist. Sein Rat: Wir sollten einfach selbstsicher durch Pfützen und Bächlein laufen und die Esel dadurch mitnehmen.

Als die erste große Pfütze auftaucht, bei der es aufgrund der Zäune rechts und links vom Weg kein Ausweichen gibt, entfährt mir ein: „Oje, eine Pfütze!"

„Denk dran, was Jean-Raymond gesagt hat!", ruft mir Anette zu, und so schiebe ich den Gedanken beiseite, gehe zielstrebig weiter und nehme meine kleine Coquelicot mit. Einerseits vertraut sie mir und folgt mir, auf der anderen Seite will sie partout keine nassen

Hufe bekommen und vollführt aus dem Stand einen weiten Satz über die gesamte Pfütze. Was für ein Sprung! Auch wenn sie mir dabei die Hosenbeine nass gespritzt hat, kraule ich ihr die Ohren und bin begeistert von meiner kleinen Dame.

In Saint-Flour-de-Mercoire nehmen wir endlich Trinkwasser auf. Mensch und Esel vereint am Brunnen.

„Was ist das denn?" Anette deutet auf einen roten Kasten an der Straße und lacht.

Wir stehen vor einem Baguette-Automaten.

„Genial, so was habe ich in Frankreich noch nie gesehen!", sage ich.

Klar, ein Laden oder eine Boulangerie lohnen sich auch hier nicht, wie in den meisten Weilern, die kaum bewohnt sind. Neugierig beäugen wir das Brot.

„Meinst du, das ist frisch?" Anette schaut mich skeptisch an.

„Die Antwort ist mir einen Euro wert", entgegne ich und ziehe das Portemonnaie aus dem Rucksack. „Und wenn es schon hart ist, verfüttern wir es eben an die Esel, die freuen sich!"

Der erste Biss hinein lässt uns strahlen: Das Brot ist wunderbar lecker und frisch. Wir schmieren *Pâté à la campagne* drauf und genießen unsere Pause auf dem Mäuerchen eines alten Waschhauses. Die Esel hingegen füllen sich mit den grünen Büscheln, die zwischen den Häusern wachsen, ihre Mägen.

Während ich den letzten Bissen in den Mund schiebe, ziehe ich unseren Wanderführer aus der Tasche.

„Schau mal", sage ich und halte Anette die kleine Karte unter die Nase, „wir haben schon über die Hälfte geschafft."

Anette springt auf die Straße. „Na dann los – packen wir die zweite Hälfte auch noch. Ich bin gespannt auf die Gegend, in der Stevenson sich so schrecklich verlaufen hat!"

Während sich Stevenson damals sehr um Orientierung mühen musste und sich bei Nebel verirrte, haben wir es heutzutage leicht: Die rot-weißen Markierungen des GR 70 weisen uns den Weg. Zusätzlich haben wir eine Wanderkarte, eine Wegbeschreibung und ein GPS.

Dennoch kommen auch wir hin und wieder vom Weg ab, weil *hier* etwas unsere Aufmerksamkeit auf sich zieht, während *dort* die Markierung hängt.

Wo sind eigentlich die Wegweiser für den Lebensweg, frage ich mich im Gehen. Woher wissen wir, welchen Weg wir an einer Kreuzung einschlagen sollen? Für welchen Beruf sich entscheiden, was studieren? Wen als unseren Lebenspartner bestimmen? Wo und wie leben?

Schon öfter habe ich mich mit Anette über unsere Lebenswege unterhalten, sind sie doch an mehreren Stellen eher ungewöhnlich verlaufen. Wir sind uns sicher: Die Wegweiser und Antworten auf diese Fragen finden sich mitten im Herzen. Ich muss auf die eigene Sehnsucht lauschen, nach innen spüren: Wie soll sich mein Leben anfühlen, wenn es gut ist? Was ist mir wichtig? Was von Bedeutung?

Für dieses Spüren reicht der schnelle Blick auf eine Karte nicht aus, vielmehr brauchen wir Zeit und Stille, ein gutes Bewusstsein für uns, unseren Körper und unsere Wünsche. Wir müssen Zeit mit uns selbst verbringen, mit uns in Kontakt kommen. Denn es ist meist nicht mit der Befriedigung der schnellen Sehnsüchte getan, dem Heißhunger auf ein Stück Schokolade, der Lust auf eine Pizza – es geht um die tiefen Lebensbedürfnisse, die unsere Sehnsucht nach Liebe und Frieden weckt, nach Sinn und Sein.

Seit mir das klar geworden ist, treffe ich mich einmal im Monat mit mir selbst! Dann nehme ich mir Zeit für eine gute Tasse Tee auf dem Sofa oder für einen feinen Cappuccino in meinem Lieblingscafé. Vielleicht treffe ich mich aber auch mit mir am Seeufer draußen in der Natur. Diese Zeit des Mit-mir-Seins ist mir wichtig. Ich schüttle den Alltag ab, versuche, meinen Kopf zu leeren und auf den Körper und seine Weisheit zu lauschen. Meistens habe ich mein Notizbuch bei mir und halte Gedanken und Ideen fest, Ideen für Veränderungen, die mir guttun.

ERKENNTNIS DES TAGES

Nimm dir Zeit, lausche auf die Wegweiser in deinem Herzen.

Unsere kleine Karawane erreicht Fouzilhac. Auch dies ist ein Ort, an dem man nicht weiß, ob hier überhaupt jemand lebt und wenn ja, wovon. Rechts und links des Weges verfallene oder zumindest unbewohnte Häuser, zwei streunende Hunde, die sich zum Glück als harmlos herausstellen. Stille. Mit suchendem Blick laufen wir weiter, entdecken tatsächlich am Ende des Dorfes ein Hinweisschild und staunen nicht schlecht: gemähter Rasen, weiß lackierte Holzpfosten, um die Esel anzubinden, ein kleines, hübsches Gästehaus und nebenan eine Mini-Zeltwiese mit einem Mini-Küchen-Haus und einem neugebauten Duschhaus. Alles ist sauber und sehr einladend. Was für ein Kontrast zum übrigen Dorf! Auch unsere Esel erwartet eine saftige Wiese – mit Zaun (!), frischem Wasser und einer Hecke als Schutz gegen den Wind, der uns immer noch begleitet.

Neugierig schiebe ich die Tür des vier Quadratmeter großen Küchenhäuschens auf. Es ist komplett eingerichtet mit Kühlschrank, Elektroplatten, Gaskocher, Kaffeemaschine und Wasserkocher. Für diesen ganzen Komfort zahlen wir vier Damen insgesamt 18 Euro pro Nacht. Unglaublich und doch wahr.

„Liebe Karin,

da hast du heute wohl gestaunt über uns, wie wir einfach die gesamte Fahrbahn der Route Nationale eingenommen haben, wie wir in aller Ruhe über die große Brücke gelaufen sind, wie der Fünfzehntonner auf der Gegenfahrbahn uns genauso wenig gestört hat wie das Quad hinter uns. Ja, wir haben selbstbewusst unseren Platz in Anspruch genommen und sind unseres Weges gegangen! Hast du auch bemerkt, dass kein Autofahrer gehupt hat, weil alle verstanden haben, dass wir auf dem schmalen Brückenweg keine Chance gehabt hätten? Jean-Raymond hatte recht. Schon komisch, ihr Menschen denkt oft, wir seien eigensinnig oder gar bockig, dabei gehen wir einfach nur unseren Weg. Gehst du DEINEN Weg?“

„Liebe Coquelicot,

eine wichtige Frage stellst du mir da. Ja, ich kann über mein Leben heute sagen: Ich gehe meinen Weg. Aber weißt du, das ist für uns Menschen manchmal nicht so einfach. Ich glaube, es gibt immer wieder Leute, die es besser finden, wenn wir angepasst und nicht so eigensinnig sind. Mein Grundschullehrer zum Beispiel hat damals noch Ohrfeigen verteilt und vor allem bei den Jungs nichts unversucht gelassen, um sie auf ‚einen ordentlichen‘ Weg zu bringen. Mir hat das damals Angst gemacht, und ich habe eine Weile gebraucht, bis ich mir in vielen Bereichen (wieder) erlaubt habe, anders zu denken, zu fühlen, zu sein.

Vielleicht mag ich euch Esel deshalb so gern, weil ihr herrlich eigensinnig seid und mich daran erinnert, meiner Melodie zu lauschen, meinen Weg zu gehen. Vor Jahren habe ich eine Postkarte bekommen, auf der folgender Satz geschrieben stand: ‚Ein Freund ist ein Mensch, der die Melodie deines Herzens kennt und sie dir vorspielt, wenn du sie vergessen hast.‘ Mir gefällt dieser Satz sehr gut, weil ich glaube, dass wir alle diese Melodie im Herzen tragen, sie nur oftmals vergessen und immer wieder Freunde und Begegnungen brauchen, damit wir uns an sie erinnern und sie leben. Auch du, liebe Coquelicot, gehörst zu denen, die mich an meine Melodie erinnern. Danke!"

*Kennst du die Melodie deines Herzens? Gibt es einen Menschen,
der dir dabei hilft, dich immer wieder daran zu erinnern?*

_____

_____

_____

_____

_____

_____

_____

_____

_____

_____

Wenn man(n) sprachlos ist

Fouzilhac – Cheylard-l'Évêque – Pradels –
Lac de Louradou – Château de Luc – Luc

3. September, Fouzilhac, eisige null Grad

Von nebenan höre ich das leise und rhythmische Gerupfe unserer Esel. Die Vögel zwitschern, die Sonne geht auf. Stille.

Zum Frühstück gibt es Äpfel und Datteln für uns, meine selbstgemachten Nussbällchen und Kaffee. Weit und breit kein Laden, kein Bäcker, kein Nichts.

Unser Essensvorrat geht zur Neige, und mir fällt ein, dass es an unserem nächsten Etappenziel ebenfalls keinen Laden gibt. Super! Toll geplant! Wozu haben wir eigentlich eine Excel-Tabelle angelegt, wenn wir jetzt nicht ab und zu auch draufschauen?

Als ich bei der jungen Mutter meine Übernachtungsgebühr bezahle, erzähle ich von unserem Missgeschick. Daraufhin verschwindet sie im Keller und wühlt hörbar in ihrer Gefriertruhe. Schließlich verkauft sie mir selbst gemachte Würste und ein Päckchen eingefrorenen Mangold aus ihrem Garten. Sie ist sehr gesprächig. Aber sie gehört auch zu jenen, die für ein paar Jahre weg waren, in Paris oder Lyon studiert haben und die dann wiedergekommen sind, weil sie auf dem elterlichen Hof Ruhe finden, sich eine Existenz aufbauen und etwas gestalten wollen. Sie sind in der Ferne offener geworden für Anderes, Neues, Fremdes, so jedenfalls erlebe ich das. Und die Aussichten auf unser Abendessen sind jetzt weit besser als das, was Stevenson beschreibt:

„Ich öffnete eine Dose Bologneser Wurst und brach ein Stück Schokolade ab, und das war auch schon alles, was ich zu essen hatte. Es mag abstoßend klingen, aber ich aß beides zusammen, Stück für Stück, gewissermaßen als Brot und Braten. Alles, was ich hatte, um diese abscheuliche Mixtur herunterzuspülen, war purer Branntwein – für sich allein schon ein abscheulicher Trunk. Aber ich war in einer rohen Lage und hungrig, aß zufrieden und rauchte eine der besten Zigaretten, an die ich mich erinnern kann."[40]

Immer wieder macht es mir Freude, bei Stevenson nachzulesen, seiner Wanderung nachzuspüren und sie mit dem heutigen Stevenson-Weg zu vergleichen. Bei der jungen Mutter hätten wir zum Beispiel auch im Gästezimmer übernachten und uns mit Halbpension an ihrer langen Tafel im Wohnzimmer bedienen lassen können. Wir hätten es gemütlicher und einfacher haben können. Hier ganz in der Nähe gibt es ein Hotel, das sogar einen kostenlosen Transfer nach Cheylard-l'Évêque anbietet und einen damit vom Hotel wieder die drei Kilometer zurück auf den Stevenson-Weg bringt. Aber genau das wollten wir eben nicht.

So bauen wir unser Zelt ab, striegeln die Esel, satteln sie und machen uns auf den Weg. Er führt uns leicht bergab durch einen wunderschönen lichten Buchenwald. Schließlich taucht der Ort auf. Auch hier kein Laden, der Gîte d'Étape bereits geschlossen, das winzige Rathaus ebenfalls. Wir entdecken ein kleines Restaurant, das geöffnet scheint. Die Lust auf Kaffee und ein paar Sandwiches wächst von null auf hundert.

„Nein", sagt die Dame, zu essen habe sie nichts, die Saison sei ja schon fast vorbei, aber einen Kaffee könne sie uns machen. Nun gut, wir lassen unsere Esel neben dem Dorfbrunnen grasen und gönnen uns einen zweiten Kaffee in der Morgensonne dieses idyllischen Plätzchens. Zum Glück waren meine Nussbällchen einigermaßen sättigend.

Ich versetze mich in meine kleine Coquelicot, die gerade friedlich vor sich hin zupft, und plötzlich überkommt mich eine unbändige Lust, ein bisschen über sie zu schreiben:

„Ich muss schon sagen, ich bin recht zufrieden mit meinem Wanderleben. Die ganze Nacht stand ich mit Wapa auf einer saftigen Wiese, und obwohl ich mal wieder aus Versehen den Wassereimer umgestoßen habe, füllte ein Zweibein vom Stall gegenüber den Eimer noch einmal frisch auf.

Jeden Morgen werde ich von Karin gebürstet. Mir gefällt das, denn sie hat viel Kraft und schrubbt mir ordentlich das Fell. Auch bürstet sie mich mit der weichen Bürste zwischen den Ohren, denn dort komme ich selbst beim Wälzen nicht hin. Das Allerbeste ist aber, wenn sie mir zum Ende hin die Ohren krault – innen drin, wo ich es besonders liebe und mich am allerbesten entspannen kann. Wenn die Satteldecke kommt, blase ich den Bauch auf, doch Karin kennt den Trick schon und zieht mittlerweile ziemlich frech den Bauchgurt fest, da habe ich keine Chance. Nun hoffe ich, dass die Tour heute nicht so anstrengend wird wie gestern. Was war ich k. o.!

Ich werde versuchen, es heute auf alle Fälle etwas langsamer angehen zu lassen.

Eben ging es erst mal leicht bergab, das mag ich am liebsten. Steil bergab ist nämlich auch anstrengend, mindestens genauso wie steil bergauf. Aber die Sonne kam heraus und hat mir das Fell gewärmt. Nun stehen wir hier in diesem Dorf mit dem blöden Brunnen – wieder konnte ich nicht saufen, ohne mir meine Hufe nass zu machen. Warum muss das dumme Wasser immer überall über den Beckenrand laufen und ringsherum Pfützen machen? Ich hasse nasse Hufe!

Unsere beiden Menschen trinken gerade Kaffee und gönnen auch uns eine Bummelpause ... So ist's recht. Schade nur, dass sie uns angebunden haben, denn ich hätte riesige Lust, die bunten Blumen dort drüben im Trog zu probieren.

Eins verstehe ich nicht: Überall, wo wir hinkommen, erzählen andere Menschen von einer Modestine und fragen, ob ich auch so heiße. Keine Ahnung, wer das ist. Ob sie auch so hübsche Ohren hat wie ich? Coquelicot, das klingt viel schöner, finde ich. Außerdem sagen die Leute, Modestine heiße ‚die Bescheidene'. Nein, ich will nicht bescheiden sein. Ich möchte einfach das haben, was mir guttut, was mir zusteht, was mich glücklich und zufrieden macht: ein gutes Gras, eine Eselfreundin an der Seite, frisches Wasser, ab und zu ein paar saftige Möhren, trockene Hufe ...

Karin liest Anette gerade etwas von diesem Stevenson vor. Er hat Regeln zum Glücklichsein aufgestellt, und eine davon lautet: ‚Scher dich nicht um Kritik. Du kannst nicht aller Welt gefallen.' Das sehe ich auch so. Wem soll ich denn alles gefallen? Eigentlich muss ich nur mir selbst gefallen, mich in meinem Fell wohlfühlen, und natürlich muss ich mich auch mit den Menschen verstehen, sie schenken mir schließlich Futter und Fellpflege. Dafür trage ich ihr Gepäck – ich finde, das ist ein fairer Handel. Deshalb wundere ich mich, dass die fremden Leute nach einem Nagelstock fragen und wissen wollen, ob ich auch damit geschlagen werde. Nagelstock, schon das Wort klingt fürchterlich! Mich hat noch nie jemand geschlagen! Ob sie diese arme Modestine etwa geschlagen haben? Was für eine grausame Geschichte! Sie soll ja störrisch gewesen sein, aber ich bin nicht störrisch, höchstens eigenwillig. Nein, nein, ich brauche so was nicht. Ich laufe gerne, fresse gerne, lasse mich gerne streicheln und dass ich Kanaldeckel nicht mag und nasse Hufe eklig finde, wird mir ja hoffentlich niemand übel nehmen; schließlich stamme ich aus der Wüste – da sind keine Pfützen oder Kanaldeckel.

Und dann gibt es noch etwas, das ich ganz besonders liebe: die vielen hellen Punkte nachts am Himmel. Unsere beiden Menschen haben heute Nacht mächtig gestaunt, weil man hier angeblich besonders viele von diesen Punkten sieht. Sie sagen, die Luft sei hier so klar, und es gebe so wenig künstlerische (oder war es künstliche?) Beleuchtung. Heute Nacht hat übrigens der ganz große Punkt geleuchtet. Den mag ich am allermeisten, auch wenn es bei klarem Himmel dann in den Bergen besonders kalt wird."

Unsere Kaffeetassen sind geleert, und so brechen wir wieder auf. Während uns die Kräuter rechts und links am Weg in die Nase duften, stiefeln wir schwitzend durch den Wald bergauf. Wieder einmal rutscht das Gepäck. Besonders bei Coquelicot mit ihrem Kugelbäuchlein wäre es gut, einen zweiten Bauchgurt zu haben. Dennoch genießen wir das sonnige Wetter und diesen lichten Wald und kommen schließlich an den Lac de Louradou, einen kleinen stillen See. Nach der langen Wegstrecke müssen uns die Picknickbänke nicht zweimal zum Rasten auffordern. Wir lassen unsere Esel grasen, ruhen unsere müden Beine auf den Holzbänken aus und genießen einen Rest Baguette und Käse. Nach fünf Stunden Fußmarsch haben wir ordentlich Hunger.

Coquelicot wagt sich neugierig bis ans Seeufer vor, schaut ins Wasser – und weicht erschrocken zurück. Es ist ihr wohl doch nicht ganz geheuer. Wapa dagegen hat etwas ganz anderes im Sinn oder besser in der Nase: Sie hat das trockene Baguette in einer der Packtaschen erschnuppert, schiebt immer wieder ihre Schnauze hinein und versucht, an die leckere Kruste zu kommen. Da beide Tiere heute wirklich tüchtig gelaufen sind, helfen wir Wapa beim Auspacken und verfüttern das Brot bis zum letzten Krümel.

Dann geht's weiter, auf dem kleinen Pfad um den See herum und hinunter nach Luc. Beim Château de Luc legen wir eine zweite Pause ein. Diese Burganlage aus dem 12. Jahrhundert ist heute überwiegend eine Ruine. 1878, zu der Zeit, als Stevenson hier unterwegs war, hatte man gerade den Hauptturm in eine Kapelle verwandelt und oben auf den Turm eine große weiße Marienstatue gesetzt, die schon von Weitem sichtbar ist. Stevenson schreibt:

„Schön war es nicht [dieses Luc], noch gab es irgendetwas Bemerkenswertes, ausgenommen die alte Burg über mir mit den 100 Zentnern ihrer brandneuen Madonna."[41] Wir machen Fotos, lassen die Esel grasen und genießen die Aussicht. Ein noch schmalerer Pfad führt hinunter ins Dorf. Wie ausgestorben zeigt sich dieses 200 Seelen zählende Luc, kein Wegweiser deutet in Richtung Campingwiese. Wir kommen wieder einmal an einem winzigen Rathaus vorbei. Doch auch hier tote Hose. Ein Schild im Fenster sagt uns, dass die Mitarbeiter bis Mitte September Urlaub machen. Na toll, denke ich, nun habe ich extra auf den Anrufbeantworter gesprochen, aber ohne eine Urlaubsansage konnte ich ja nicht ahnen, dass am anderen Ende wieder einmal niemand meine Nachricht in Empfang nimmt. Diese Art der „Kommunikation" scheint typisch zu sein für diese Gegend. Immerhin treffen wir einen älteren Herrn, der mit Pantoffeln vor seinem Haus steht.

„Campingwiese der Gemeinde?" Er runzelt die Stirn und überlegt angestrengt. „Keine Ahnung!"

Doch er ist bereit, seine Frau zu holen, die uns weiter ins Tal zum Fluss hinunter schickt. Wir sollen in der Gastwirtschaft unten an der Straße noch einmal fragen.

Minuten später stehe ich mit unseren beiden Eseln neben einem Kneipentisch, an dem fünf Polizisten draußen in der Abendsonne ihr Feierabendbier trinken, während Anette in der Gaststube nach der Zeltwiese fragt. Völlig entnervt über den unfreundlichen und maulfaulen Wirt, dem sie jede Information einzeln aus der Nase ziehen musste, kommt sie wieder heraus. Vielleicht halten uns diese Menschen schlichtweg für verrückt. Wozu sollen auch zwei nicht mehr ganz junge Frauen mit zwei Eseln unterwegs sein? Hier, wo die Zeit ohnehin stehen geblieben ist, verspürt sicherlich niemand das Bedürfnis nach Verlangsamung, nach Slow-Living oder Slow-Food. Hier, wo sich Fuchs und Hase Gute Nacht sagen, wo pro Woche allenfalls eine Handvoll Gäste auftaucht, will niemand dem vollen Terminkalender und dem Lärm der Großstadt entfliehen. Dass in dieser Abgeschiedenheit aber auch jede Form netter oder wenigstens höflicher Kommunikation verschwunden ist, will uns noch nicht so recht in den Kopf.

Wir schnappen unsere Esel, ziehen weiter talwärts in die lustlos gewiesene Richtung und staunen: Die Zeltwiese liegt direkt am Allier, das Gras ist saftig, und es gibt ein Gatter, innerhalb dessen allerdings kaum Grünes wächst. Da der Allier eine natürliche Grenze bildet, den die Tiere nicht überqueren werden (nicht bei ihrer Abneigung gegen nasse Hufe), lassen wir sie einfach frei grasen; nachts werden wir sie dann im Gatter sichern.

„Das halbe Dorf weiß nun, dass hier zwei Frauen alleine zelten", denke ich laut.

Ein blödes Gefühl macht sich in uns breit, doch wir überspielen es zunächst mit Spott auf den Lippen.

„Wahrscheinlich sind die Herren viel zu träge, um bis hier runter zu kommen", meint Anette. „Wie einfach wäre es gewesen, uns müden Wanderinnen ein frisches kühles Bier zu verkaufen, aber nein, kein Geschäftssinn, keine Lust auf Gespräche, auf Fremde…"

Das betonkalte Duschhäuschen ist schließlich der absolute Hit: Laut Putzliste wurde es das letzte Mal vor über zwölf Monaten gereinigt. Die Toiletten erzählen die Geschichte noch ausführlicher… Ich gehe hinter die Büsche.

Währenddessen haben unsere Eseldamen einen Sandplatz zum Wälzen gefunden, nutzen ihn ausgiebig und grasen dann glücklich vor sich hin. Auch wir sind trotz der Umstände zufrieden. Der Allier rauscht neben uns ins Tal, der Mangold und die Würstchen sind lecker, und das Duschwasser überrascht uns mit einer angenehm hohen Temperatur. Außerdem trifft noch ein Pärchen mit Tandem und fröhlich-bunter Radlerbekleidung ein. Sie sind ein wenig jünger als wir und grüßen freundlich. Aber offenbar sind sie sehr müde, denn sie bauen ihr Zelt auf, gehen duschen und schon sind sie in ihrer kleinen Behausung verschwunden. Immerhin fühlen wir uns nun nicht mehr ganz so einsam an diesem seltsamen Ort.

Als wir in unseren Schlafsäcken liegen, sind wir immer noch entsetzt über die wortkargen Menschen, denen wir hier schon mehrmals begegnet sind. Ich ziehe mein Handy aus dem Rucksack, auf dem ich einige Texte von Stevenson gespeichert habe, und lese Anette vor: So „… führte meine Route durch eine der ärmlichsten Gegenden dieser Welt. Es war wie im schlimmsten Winkel des schottischen Hochlands, nur schlimmer; kalt, kahl und armselig, kaum Bäume, kaum Heidekraut, kaum Leben. (…) Warum

ERKENNTNIS DES TAGES

Es gibt Menschen, bei denen endet die Welt kurz hinter der eigenen Nasenspitze – selbst der Tellerrand ist zu weit weg.

irgendjemand das Verlangen haben sollte, Luc oder Cheylard zu besuchen, übersteigt mein wahrlich nicht geringes Erfindungsvermögen."[42]

Das Handy klingelt. Es ist der Liebste aus Deutschland: „Wo seid ihr? Ich kann Luc auf der Karte nicht finden."

„Das kannst du auch nicht, dieser Ort existiert nicht wirklich!", rufen wir.

Kichernd machen wir es uns in unseren Schlafsäcken gemütlich. Ich lese bei Stevenson weiter: „Was zogst du aus, hier zu sehen?, dachte ich bei mir. Wieder einmal war das Gasthaus äußerst anspruchslos."[43]

Ja, warum waren wir ausgezogen? Was wollten wir sehen, erleben, spüren? Letztlich doch genau das: Land und Leute kennenlernen, die

Natur in uns aufnehmen, die Luft atmen, den Vögeln zuhören, an der Seite eines Esels Ruhe finden und den eiligen Alltag zu Hause gegen einen anderen Rhythmus eintauschen.

„Aber ach, wenn man im Leben vorankommt und von seinen Alltagsangelegenheiten aufgesaugt wird, ist sogar ein Urlaub etwas, das man sich erarbeiten muß. Das Gepäck auf einem Packsattel gegen einen Sturm aus dem frostigen Norden zu stützen, ist sicher kein edles Handwerk, es ist aber eines, das dazu dienen kann, den Geist zu besänftigen und zu beruhigen."[44]

Auch unsere Reise erlebe ich bisher als einen Urlaub, den wir uns erarbeiten, der nicht nur beeindruckend, sondern auch anstrengend ist. Ich schaue auf das Foto auf meinem Handy, mit dem ich die Stevenson-Regeln fotografiert habe: *Multiplie tes intérêts*. Weite deine Interessen aus. Ja, ich möchte meine Interessen ausweiten – lernen und kennenlernen –, deshalb sind wir unterwegs.

„Liebe Karin,

Esel können besser ‚reden‘ als mancher Mensch. Wer uns beobachtet, kann in uns lesen: Wenn wir Angst haben, machen wir einen Buckel oder ziehen den Schwanz ein. Wenn wir die Ordnung untereinander herstellen wollen, senken wir den Kopf oder legen die Ohren an, schlagen auch schon mal aus. Sind wir neugierig, so richten wir die Ohren auf, schnuppern und stupsen mit dem Maul. Wenn wir uns mögen, zupfen wir uns gegenseitig am Fell.“

„Liebe Coquelicot,

es freut mich nun ganz besonders, dass ich dich bisher offenbar immer glücklich und zufrieden erlebt habe. Seit wir unterwegs sind, hast du weder Grund gehabt zum Ohrenanlegen noch zum Ausschlagen. Ein paar Mal hattest du Angst: Der blöde Kanaldeckel in Pradelles, der dich fürchterlich erschreckt hat, und die Kühe, die euch immer wieder nervös machen. Das Maulstupsen mag ich besonders; es hat so etwas herrlich Liebevolles. Danke.“

Der Vorteil einer klaren Entscheidung

Luc – Pranlac – Laveyrune – Rogleton –
La Bastide-Puylaurent

4. September, Luc, nasskalt-nebelige zwei Grad

Ich strecke die Nase zum Zelt hinaus. Dicker Nebel hängt über dem Allier. Unsere Esel kann ich in der Suppe kaum erkennen. Wer will bei diesem Wetter schon um sieben Uhr aufstehen? Ich krieche zurück in den warmen Schlafsack, höre eine Weile dem Rauschen des Allier zu, der über die Felsen ins Tal plätschert, und nicke noch einmal ein.

Eine halbe Stunde später lässt mein zweiter Blick aus dem Zelt Gutes hoffen. Die weiße Madonna oben auf der Kapelle erstrahlt bereits im Sonnenschein, nur noch umweht von einem letzten Nebelfetzchen. Ich gehe duschen. Das heiße Wasser ist ein Genuss an diesem kalten Morgen. Am liebsten würde ich auch unseren wasserscheuen Eseln dieses warme Geschenk machen, denn sie haben klatschnasse und eisig-kalte Nebelohren und sehen nicht wirklich glücklich aus.

Als ich versuche, den Kocher für einen Kaffee anzuwerfen, bekomme ich die zwei Grad deutlich an den Fingern zu spüren. Doch hinter dem Hügel steigt die Sonne zum Glück langsam höher und höher. Ich kann sehen, wie die Strahlen immer weiter zu uns den Hang heruntergleiten, und warte darauf, dass sie uns beim Kaffeetrinken endlich den Rücken wärmen und den Eseln das Fell trocknen.

Wir durchwandern Weiler für Weiler: Pranlac, Laveyrune, Rogleton. Wieder einmal müssen wir einen Fluss überqueren. Zwar gibt es

eine kleine hölzerne Hängebrücke, aber für unsere Esel und ihre Packtaschen ist sie zu schmal. Wir entscheiden uns für den direkten Weg. Die Wassertiefe ist gering, und im Fluss liegen ein paar Steine, sodass wir mit den Wanderschuhen trockenen Fußes auf die andere Seite gelangen können. Aber was ist mit unseren wasserscheuen Eseln? Wieder einmal versuchen wir, einfach resolut durch das Wasser zu laufen, und hoffen, dass es klappt.

Ich halte den Strick mit viel Spielraum, denn ich ahne schon, dass Coquelicot wieder zu einigen riesigen Sprüngen ansetzen wird, um mit möglichst wenig Wasser in Berührung zu kommen. Und tatsächlich, sie folgt mir und setzt mit drei Galoppsprüngen über die sechs Meter breite Wasserfläche!

Ich atme auf. Ohrenkraulen ist angesagt für so viel Mut.

Weiter geht es auf einem herrlich kleinen Wanderweg Richtung La Bastide-Puylaurent, der uns mal mit Sonne, mal mit Schatten verwöhnt und ziemlich eben verläuft. Schließlich erreichen wir den Ort. Da es hier Geschäfte geben soll, bleibt Anette bei den Eseln, die auf einer schönen Fresswiese grasen, und ich mache mich mit dem Rucksack auf hinunter ins Dorf, denn wir haben ordentlich Hunger.

Warum überrascht es mich inzwischen schon nicht mehr: Der Lebensmittelladen ist pleite, die Metzgerei öffnet nur für zwei Stunden am Tag und ist natürlich jetzt gerade geschlossen, die Bedienungen in den Gasthöfen sind müde, unbeweglich und fast so verschlossen wie der kleine verstaubte Laden, hinter dessen Fenstern nur noch ein paar alte Konservendosen vor sich hin rosten. Nun gut, nach Luc, in dem gar nichts los war, hängt beim Bäcker immerhin ein Schild: *„Geöffnet von 8:30 – 12:00 und 16:30 – 19:00."*

Das lässt zwar hoffen, doch wir haben Hunger, und es ist halb zwei mittags. Noch drei Stunden! Wie sollen unsere knurrenden Mägen bis dahin durchhalten?

Ich wundere mich, wie wenig flexibel die Menschen hier sind. Es ist doch offensichtlich, dass wir mit unseren Eseldamen nicht ins Restaurant hineinspazieren oder sie nicht einfach draußen an der Straße stehen lassen können. Stur oder ausdauernd, wie ich manchmal sein kann, finde ich eine Bedienung, die bereit ist, uns ein paar Sandwiches zu schmieren und für „to go" zu verkaufen. Der Preis haut mich zwar aus den Wanderschuhen (hatten wir über Kaviar gesprochen?), aber egal. Ich stapfe mit meinen Sandwiches wieder den Berg hinauf und sehe schon von Weitem, dass Anette und die Esel wieder einmal belagert werden und als Fotomodelle herhalten müssen. Wir hätten wenigstens gern in Ruhe gegessen und statt immer dieselben Fragen zu beantworten, lieber ein eigenes Schwätzchen gehalten.

Mit dem Sandwich im Magen läuft es sich leichter. Daher wollen wir nicht warten, bis die Bäckerei öffnet, sondern erst einmal zu dem drei Kilometer entfernten Zeltplatz laufen und abladen. Der Weg auf der Landstraße zieht sich endlos hin, doch erreichen wir schließlich den Campingplatz: Direkt am Allier gelegen, mit Kanus, herrlichen Bäumen und einer schönen Zeltwiese macht er Hoffnung. Die Esel-

wiese ist aber leider mehr sandbodengrau als grasgrün und gibt für unsere beiden Damen nichts her; Kraftfutter hat der Zeltplatzbesitzer auch nicht. Ja, das solle doch die Stevenson-Association zur Verfügung stellen, was er denn damit zu tun habe! Er beschwert sich lautstark über die vielen Euro, die er für den Eintrag in den Werbeprospekt zahlen musste, und will von allem nichts mehr wissen. Immerhin, es gibt einen Weidezaun, sodass unsere Esel zumindest sicher aufgehoben sind.

Wir stellen das Zelt auf, und während Anette unsere Wäsche schrubbt, laufe ich mit leerem Rucksack zurück nach La Bastide-Puylaurent, um endlich einzukaufen.

Der Bäcker hat jetzt geöffnet, die Dame darin ist nett, und sie verkauft neben Obst und Gemüse, Toilettenpapier und Taschentüchern auch Milch und Saft und was der Mensch sonst noch so alles benötigt. Ich habe das Gefühl, dass ich den halben Laden einpacke, aber die Lust auf Frisches ist groß, und der Einkauf soll sich lohnen – wer weiß, wann es wieder einen Laden gibt! Nicht mehr ganz so munter mache ich mich mit dem schweren Rucksack auf den Rückweg. Immer wieder schaue ich mich um – vielleicht gibt es ja einen netten Autofahrer, der mich ein Stückchen mitnimmt. Doch die Rechnung geht in dieser einsamen Gegend nicht auf, denn als endlich ein Auto kommt, ist auch schon der Campingplatz in Sichtweite.

Trotz leckerer Kekse und frischer Weintrauben ist unsere Laune im Keller. Wie sollen die Esel weiterlaufen, wenn es hier wieder nichts Gescheites zu fressen für sie gibt und die „Wiese für die Nacht" einem Sandplatz in der Wüste gleicht? Die paar Möhren aus dem Dorfladen reichen nicht lange. Unzählige Leute habe ich unterwegs angesprochen, ob sie Futter haben. Nichts, nichts und nochmal nichts. Weder hatte die Frau in der Tourist-Info einen Hinweis für uns, noch konnte ich einen Bauern finden, und sogar ein Kleintierhalter mit Eseln (!), Ziegen, Enten und Gänsen behauptete, er habe kein Futter.

Ärgerlich pfeifen wir auf Versprechen von Bürgermeisterinnen und Prospekten. Wahrscheinlich sind wir selbst schuld, weil wir auf eigene

Faust losgezogen sind und kein Rundum-Sorglos-Paket mit Übernachtungsgarantie gebucht haben. Vielleicht hätten wir, anstatt die vielen herrenlosen Anrufbeantworter zu besprechen, lieber fünf Monate im Voraus ein Antragsformular ausfüllen sollen, möglichst mit zweifachem Durchschlag, Stempel und Unterschrift von mehreren Behörden.

Kein Wunder, dass wir bisher noch niemanden getroffen haben, der tatsächlich mit einem Esel unterwegs ist. Die Wanderer, die uns begegnen, sind zwar alle total begeistert, dass sie endlich ein Langohr sehen, doch wer wagt es denn wirklich, den gesamten Stevenson-Weg so wie anno dazumal mit einem Esel zu laufen und à la belle étoile, unter den Sternen, zu übernachten?!

Es ist ein Riesenunterschied zu unserer Probewanderung, die wir im Frühling am heimatlichen Bodensee gemacht haben. Wir wollten damals wissen, worauf wir uns einlassen. Doch auf dieser Reise stellt sich heraus, dass die Esel selbst überhaupt nicht das Problem sind. Sie sind und bleiben wunderbare Wanderbegleiter, sensibel, liebevoll, aufmerksam, verkehrssicher. Das Problem ist einzig und allein die Versorgung! Bei unserer Probewanderung mussten wir uns nicht darum kümmern. Damals wartete ein sicherer Stall mit Zaun, Heu, Salz und Wasser auf uns – doch hier?

Nun gut. Was hatten wir erwartet? Wollten wir nicht ein bisschen Abenteuer, ein wenig Spannung und Überraschung? Ja, das wollten wir. Wir hatten aber auch aufgrund der Reiseführer eine andere Erwartungshaltung aufgebaut – und die deckte sich eindeutig nicht mit der Realität.

Wir machen eine Liste unserer bisherigen Eselplätze und stellen fest, dass von insgesamt sieben erst zwei das Prädikat „gut" erhalten können, wenn man sie an dem misst, was laut Reiseführern angeblich vorhanden sein soll: frisches Futter und Heu, Kraftfutter, sauberes Wasser, eine trockene Kammer für das Sattelzeug (die gab es nur bei Jean-Raymond), Wind- und Sonnenschutz, ein sicherer Zaun.

Klar, wir sind auf eigene Faust unterwegs, haben kein fertiges Paket gebucht, aber was will ich auf den „Spuren von Stevenson", wenn ich abends im vorbestellten Hotel schlafe, meine Koffer per *Malle postale*, per Gepäcktransport, vor mir her reisen und ich den Esel nur am Postkartenständer bewundere? Abgesehen davon sollten zumindest die angepriesenen Bedingungen für die Esel eingehalten werden. Für uns selbst haben wir uns ja gar keinen Komfort gewünscht.

Nun, ich kann Frust schieben, aber das ändert letztlich nichts an der Situation. Ich kann die Wut irgendwo herauslassen, vielleicht trifft sie sogar den Richtigen, doch auch das ändert wenig. Ich bin plötzlich ein bisschen erleichtert. Denn letztlich muss ich mich hinsetzen, meine Erwartungen anschauen, die Realität daneben halten und dann möglichst kreativ Lösungen entwickeln. Etwas anderes bleibt mir nicht. Und das ist doch machbar. Mein Ärger löst sich langsam auf …

Wir beschließen, noch einen Tag länger auf diesem Campingplatz zu bleiben und am anderen Tag ohne Gepäck mit den Eseln zum Trappistenkloster hinaufzulaufen. Man hat uns gesagt, dort gebe es wahrscheinlich Futter, denn im Kloster halte man auch Esel. Zudem hätten wir aufgrund der kleinen Etappe unterwegs Zeit, sie fressen zu lassen, denn eine Waldwiese finde sich immer. Nur nachts ist es problematisch, denn ich will ja nicht die halbe Nacht lang die Tiere irgendwo grasen lassen und auf sie aufpassen, sondern schlafen.

Wieder einmal weichen wir von unserem Ursprungsplan ab. Doch auch Stevensons Leben ist durchzogen von Plänen, die immer wieder durchkreuzt wurden, zumeist von seiner Krankheit und seiner schlechten Konstitution, die ihn häufig ans Bett fesselte, vom Schreiben abhielt, Reisen unmöglich machte. Dafür nutzte er aber seine guten Zeiten, um dann eben doch zu reisen, zu schreiben und das Beste aus seiner Lage zu machen. Und es ist wieder einmal eine allgemeine Frage: Wie gehen wir mit Lust und Frust im Leben um? Immer gibt es Phasen, ob beim Wandern, beim Schreiben oder generell im Leben, die nicht so laufen, wie wir es gerne hätten. Nicht jeder Verlag wartet auf unser vermeintlich hervorragendes Manuskript und nimmt es sofort mit Kusshand. Nicht jeder Chef stellt uns sofort auf unsere „geniale" Bewerbung hin ein, und die bevorstehende Bachelorarbeit ist vielleicht auch noch nicht so schnell fertig wie gedacht.

Was kann ich tun mit Frust und Stau? Letztlich kann ich mich nur immer wieder hinsetzen, die Situation mit Abstand betrachten und nach einer guten Lösung suchen. Langes Analysieren und Schuldsuchen, so meine Erfahrung, bringt in den seltensten Fällen etwas. Daher lege ich den Schwerpunkt gerne auf das, was man heute „Lösungsorientierung" nennt. Wenn ich mir klarmache, wie die Lösung aussehen soll, habe ich schon einen großen Schritt in die richtige Richtung getan.

ERKENNTNIS DES TAGES

Jeder Tag ist neu und du kannst nur immer wieder eine kreative Lösung für alle Aufgaben finden.

So gilt es, ein Ziel ins Auge zu fassen, und das heißt: Futter für die Esel und Zeit für sie zum Fressen. Unsere Entscheidung für morgen ist klar, und ich kann mich endlich wieder dem Schreiben widmen.

Wieder möchte ich versuchen, über etwas zu schreiben, was sich schwer beschreiben lässt: die Stille. Im Schreibhandwerk heißt es: „Show, don't tell", sage es nicht, sondern zeige es, also kann ich nicht nur schreiben „Es war still", sondern muss die Stille anschaulich, am besten mit lebendigen Verben, darstellen. Doch wie beschreibt man etwas Passives, etwas, das nichts tut, mit einem aktiven Verb?

„Wie still ist Stille?", fragt Ilma Rakusa in ihrem Essay über Schrift und Schlaf. „Wird sie vom Sägen einer Zikade (zu glutheißer, südlicher Mittagsstunde) nicht untermalt und verstärkt? Und fängt sie nicht selber zu reden an, gönnt man ihr nur Raum und Zeit?"[45]

Ja, sie wird deutlicher, wenn tatsächlich ein besonderer Ton oder Laut hinzukommt, den wir in seiner Einzigartigkeit hören können. Auf einer Wanderung im Vercors habe ich sie tatsächlich einmal gehört, die Stille. Es gab definitiv keinen Laut dort oben, denn die

Gegend ist ohne Straßen, ohne Weiler, ohne Menschen, ohne Baum und Busch und deshalb auch ohne Vogelgezwitscher. Es drang kein Laut an unsere Ohren, vielleicht schwach das Säuseln des Windes. In diese absolute Stille mischte sich plötzlich ein leises Klingeln. Erst dachte ich, es seien meine Ohren, doch dann erblickte ich am Horizont eine stecknadelgroße Bewegung und noch eine… dann drei, vier, fünf, zehn, schließlich tauchten einige Hundert Schafe und Ziegen auf. Aus dem Klingeln wurde ein endloses Gebimmel und Geläute, das schließlich an uns vorüberzog, sich langsam abschwächte und dann endgültig verklang – Stille.

Hier nun der Gegensatz dazu: Tiefflieger vom nahegelegenen Truppenübungsplatz. Ich hasse sie, sie rufen in mir ein tief widerwärtiges Gefühl hervor, schon seit meiner Kindheit, als sie derart niedrig über unser Haus flogen, dass ich das Gefühl hatte, ich könnte sie mit dem ausgestreckten Arm herunterholen. Sie zerrissen mir die Ohren, mein Spiel, meine Worte. Selten benutze ich das Wort hassen, aber extremer Lärm macht mich aggressiv – ich hasse ihn wirklich. Für Anette ist es noch weitaus schlimmer, denn sie hat vor Jahren einen realen Bombenangriff erlebt. Trotz der herrlichen Natur, die uns umgibt, schlafen wir schlecht in dieser Nacht.

„*Liebe Karin,*

warum macht ihr Menschen eigentlich immer Pläne? Ist es denn nötig, immer alles zu planen, oder könntet ihr nicht auch einfach in den Tag hinein leben wie wir Tiere? Was habe ich einmal jemanden sagen hören: Wir säen nicht, wir ernten nicht… Wahrscheinlich liegt es daran, dass ihr mehr denkt – an gestern und heute und morgen, an uns und unseren Magen… Wahrscheinlich liegt es daran, dass ihr immer ein riesiges Bündel Verantwortung mit euch herumtragt, Verantwortung für euch, für uns, für die Welt… Ja, das wird es sein.“

„Liebe Coquelicot,

ja, wahrscheinlich ist es so: Wir tragen viel Verantwortung, für uns, unsere Kinder und Enkelkinder, für euch und andere Tiere, für die Pflanzen und diese Erde. Manchmal aber denke ich, dass wir diese Verantwortung viel zu wenig ernst nehmen. Ich behaupte sogar, wir sollten noch viel vorausschauender sein in Anbetracht dessen, wie die Erde und unsere Umwelt heute aussehen und wie sie eines Tages aussehen können. Wenn ich dir erzählen würde von den vielen Tieren und Eseln, denen es noch schlechter geht als Modestine, geschlagen und ausgebeutet – ach, du wärst fürchterlich traurig.

Aber kommen wir wieder zu uns. Ich bin ein Mensch, der von Kind auf immer viele Ideen hatte und dem es unendlich viel Freude macht, diese Wirklichkeit werden zu lassen. Ich mag es gar nicht, wenn gute Ideen in der Schublade oder im Kopf stecken bleiben, und so freue ich mich über all die Einfälle, die ich bisher gut umgesetzt habe. Stell dir vor, ich hätte nicht die Idee zu dieser Wanderung mit euch gehabt ... hätte nicht mit Anette geplant, einen Flug gebucht ... meinen Rucksack gepackt ... Wären wir beide dann auf diesem schönen Weg unterwegs? Ein bisschen Planung ist also erlaubt, oder?“

Endlich Nahrung
für die Seele

Camping d'Allier – La Bastide-Puylaurent – La
Trappe Notre-Dame-des-Neiges – Camping d'Allier

5. September, La Bastide, regnerisch

Mit den ersten Sonnenstrahlen schreien unsere Esel, sie haben Hunger. So machen wir uns früh auf, zurück nach La Bastide-Puylaurent, und schlagen den Weg hinauf zum Trappistenkloster Notre-Dame-des-Neiges ein. Bereits hinter den letzten Häusern lockt eine üppige Weide zum Pausemachen. Während die Esel glücklich ihre Bäuche füllen, genießen wir Baguette, Käse und Äpfel.

Wir folgen den Wegweisern zum Kloster, bald wird das riesige Dach hinter einem Hügel sichtbar. Doch auf dem Gelände selbst zieht zunächst eine kleine Kapelle unsere Aufmerksamkeit auf sich. Während jeweils eine von uns bei den Eseln bleibt und verhindert, dass sie sich über die Blumentöpfe und deren Inhalt hermachen, geht die andere in die Kapelle hinein. Wie schön es darin ist! Die faszinierenden Glasfenster beeindrucken mich tief, und die Ruhe hüllt mich ein wie ein seidenweicher Morgenmantel. Bis in mein Inneres spüre ich eine Spiritualität, für die selbst ich als Schreibende kaum Worte finde. Vielleicht ist es diese lebendige Stille, die hier im Raum schwingt, dieses Licht – eine besondere Kraft.

ERKENNTNIS DES TAGES

Suche immer wieder die Stille – im Außen wie im Innen.

Das Kloster selbst döst im Mittagsschlaf, der Klosterladen geschlossen, die Brüder in der Stille. Ein paar Frauen, die im Gästehaus ein Seminar zum Thema Brüderlichkeit abhalten, heißen uns herzlich willkommen. Sie laden uns auf einen Kaffee ein, servieren uns Kekse und frisches Wasser und bieten uns den Rest eines wunderbaren koreanischen Salats an. Wir tauschen Gedanken und Lebensweisheiten aus … Gespräche eben, wie wir sie auf Reisen lieben und wie wir sie in den letzten Tagen so oft vermisst haben. Wie gut das tut! DAS ist für mich Reisen.

Wir sollen, so die Damen, Bruder Frederic fragen, wegen der Esel und dem Futter, der sei dafür zuständig. Wir müssten nur warten bis nach der Mittagsstille. Doch noch während wir unseren Kaffee genießen, taucht der besagte Bruder draußen mit Auto und Werkzeug auf, parkt neben unseren angebundenen Eseln und fängt an, ein Weidetor zu reparieren. In seinem Karohemd und seinen Cordhosen sieht er gar nicht wie ein typischer Mönch aus, hatte ich ihn

mir doch eher in einer Kutte vorgestellt. Wir fragen ihn nach Weide und Futter und schauen in die friedlichen und fürsorglichen Augen eines wahren Klosterbruders, der ein Herz für Esel und Mensch hat und uns einen ganzen Eimer Kraftfutter schenkt ... Für heute und morgen und übermorgen. Wapa und Coquelicot dürfen wir auf die Klosterweide bringen und uns Zeit nehmen für Museum und Kloster, für Muße und Stille.

Auch Stevenson ist bei den Trappisten damals herzlich aufgenommen worden und trotz Schweigegelübde gab es auch für ihn interessante Gespräche und Diskussionen.

Unsere Esel sind gut versorgt, und so bummeln wir in aller Ruhe durch das Klostermuseum, schnuppern an den riesigen Fässern eines *Grand Cru* und landen schließlich zwischen den Büchern und Weinflaschen des Klosterladens. Außer uns sind einige Besucher im Laden, doch jeder ist vertieft in ein Buch, staunt über eine Kräutermischung, unterhält sich leise mit Bekannten oder Freunden ... es ist ein bisschen wie vorhin im Museum. Endlich also Muße. Auch ich lese mich fest, google mit meinem Handy die Namen unbekannter Kräuter und lasse die Zeit dahinrieseln. Das erste Mal, dass wir nicht abgelenkt sind von den Gedanken an unsere Esel: Gibt es genügend Futter? Wo schlafen die beiden heute Nacht? Ist das Gepäck auch nicht verrutscht oder drückt? Fühlen sie sich wohl?

Wie erholsam, wie kostbar diese Stunden ... Wir atmen tief durch.

Wie wir später noch erfahren werden, geht es auch anderen Eselmietern so: Ein Mann erzählt uns, dass er während der einen Woche Eselwandern sämtliche Gedanken an Politik und Nachrichten, an das aktuelle Tagesgeschehen dieser Welt vergessen hat, dass sein Kopf nicht leer, aber angenehm gefüllt gewesen sei mit einem ganz anderen Thema – Eseln. Und das vom Aufwachen bis zum Schlafengehen.

Mir geht es ähnlich. Auf unserer ganzen Wanderung beschäftigen wir uns ausschließlich mit der Natur und mit den Eseln – keine Zeitung, keine Nachrichten, keine Buchhandlung. Jetzt im Klosterladen genieße ich herrliche Bücher, Bildbände, philosophische und theologische Werke, Kochbücher (meine Leidenschaft) … Es ist ein so ganz anderer Ort, dem wir an diesem Nachmittag begegnen und der uns anregt, der unsere Seele nährt, die nach so viel Natur auch wieder nach einem Stückchen Kultur verlangt.

Ich möchte auf Reisen so vieles lernen, neue Erfahrungen machen, fremde Menschen kennenlernen. Für mich ist Reisen nicht ein Irgendwohin-fahren-und-am-Strand-liegen, sondern ein Mich-be-wegen-durch-Räume-und-Kulturen. Und so stolpern wir auch hier immer wieder über Dinge und Namen, haben Fragen im Kopf ohne Antworten. Dank mobilem Internet und digitalem Wörterbuch lässt sich manches gleich klären. Oftmals notiere ich meine Fragen aber nur in meinem Heft, mache hier und da ein Foto von Schildern und Inschriften, um zu Hause in Ruhe nachschlagen und recherchieren zu können.

Im Kloster habe ich vorhin ein Schild mit folgender Aufschrift entdeckt: *„Ne tolère rien à côté de toi qui ne te soit utile ou que tu trouves beau. (Ruskin)".* Erlaube nur das an deiner Seite, was nützlich für dich ist oder was du schön findest. John Ruskin, britischer Schriftsteller und Sozialphilosoph (1819 – 1900), spricht damit ein großes Thema an, das immer noch aktuell ist: das Loslassen. Dieser Satz ist ein echtes Fundstück auf unserer Reise und bringt mir die dazu passende Stevenson-Regel wieder in den Sinn: *Débarrasse-toi,* befreie dich!

Ich denke, es ist gut, sich nicht nur regelmäßig auf der emotionalen Ebene von Groll, Hass, Neid oder Zorn zu befreien, sondern auch ganz praktisch von den vielen Dingen um uns herum, die wir weder wirklich brauchen, noch uns nützlich sind. Was steht nicht alles im Keller herum, was füllt nicht alles unseren Dachboden, und wie viel von dem, was in unseren Kleiderschränken steht, liegt oder hängt, ziehen wir auch an?

Ich genieße es auf unserer Wanderung, dass wir einmal bewusst wenig haben, nur das Nötigste. Und selbst das ließe sich noch reduzieren! Nach Ruskin sollen die Dinge aber auch schön sein. Dieser Gedanke gefällt mir, ich will nicht nur Nützliches um mich herum,

Zweckmäßiges, sondern auch Ästhetisches, Schönes, das meiner Seele guttut oder auch meinem Körper. Dieser kuschelig warme Schlafsack, die warme Isomatte, sie tun mir gut. Ich will nicht völlig spartanisch leben, sondern auf Reisen spüren, wie es auch anders sein kann, dadurch vielleicht ein neues Verhältnis bekommen zu den Dingen und Ansprüchen in mir und um mich herum.

Ich notiere verschiedene Varianten des Ausdrucks *sich befreien von*: verschenken, verkaufen, wegwerfen, kompostieren, loslassen, delegieren, ablegen, zurücklassen ... Nach mehreren Umzügen im Leben besitze ich gar nicht mehr so viel. Dennoch sammeln sich auch bei mir immer wieder Dinge an, die nach einiger Zeit weder nützlich noch schön sind: Zeitschriften, Newsletter, Kleidungsstücke, Werbegeschenke aus der Apotheke, Kugelschreiber ... So habe ich mir angewöhnt, einmal im Jahr meine Wohnung, aber auch meinen PC zu durchforsten und mich zu befreien. Auch erlaube ich mir mittlerweile, für mich unsinnige Werbegeschenke nicht anzunehmen und meine Ablehnung freundlich zu begründen. Schließlich bin *ich* dann diejenige, die das Überflüssige wieder entsorgen muss. Ent-Sorgen. Was für ein schönes Wort. Dabei fällt mir der Philosoph und Psychologe Paul-Michel Foucault (1926 – 1984) ein, über den ich bereits einiges gelesen habe und der die Idee und das Konzept der Selbstsorge formuliert hat: Die Selbstsorge sei sozusagen ein Schlüssel zur Erhaltung von Gesundheit. Sie umfasst den Umgang mit mir selbst, meine Art zu reflektieren, mich zu beobachten, mich zu pflegen und zu versorgen, sei es körperlich, seelisch oder auch geistig, und auch die Fähigkeit, meinen Blick zu ändern, wenn es notwendig ist. Sie schließt aber auch die Art und Weise ein, wie ich mit anderen umgehe, sind sie mir doch immer wieder ein Spiegel. Ohne sie käme ich kaum zu neuen Erkenntnissen über mich und die Welt.

So ist es auch auf unserer Reise. Während mir die einen mit ihrer verstockten Art bewusst machen, wie wichtig mir Gespräche sind, erfreuen die anderen einfach nur mein Herz. So wie Jean-Raymond, der uns als herzlicher Gastgeber und Eselfreund gemeinsam mit seiner Frau eine wirklich angenehme Zeit bereitet hat. Wir wussten unsere Langohren gut versorgt, auch wir wurden versorgt, er hörte unsere Esel-Nöte an und schenkte uns dank seiner Erfahrungen mit diesen Tieren ein Wissen, das wir auf unserem weiteren Weg gut gebrauchen konnten. So lerne ich von jedem Menschen etwas.

Plötzlich steht Anette im Klosterladen neben mir und stupst mich an: „Schau mal hier!" Sie hält mir ein wunderschönes Buch über Esel unter die Nase. Teuer ist es und schwer.

„Keine Frage, das muss mit!", sage ich.

So ersteht sie dieses umfassende Buch über Esel, ich selbst kaufe eines über Pilze für den Liebsten zu Hause sowie einen kleinen Kastanienkuchen. Der Klosterbruder an der Kasse, der mit uns beiden ein paar nette Witze reißen will, macht uns wieder einmal klar, dass unsere Sprachkenntnisse für das Verstehen der Feinheiten noch nicht ausreichen. Wir sehen nur seine leuchtenden Augen, seine gutmütige Art und schenken ihm ein herzliches Lachen und unseren Dank.

Wieder drüben auf der Weide kommen uns zwei sichtlich zufriedene Eseldamen entgegen. Ausnahmsweise mal kein Satteln und Packen, sondern einfach nur loslaufen. Wie gut! Auf dem Weg über das Gelände treffen wir auf die beiden Kloster-Esel: Was für eine Begeisterung in ihrer Begrüßung mit unseren beiden Damen liegt! Ausgelassenes Schnuppern und Ohrengewackel zwischen den vieren … Ein Knistern wahrer Freude scheint zwischen ihnen in der Luft zu liegen. Schön ist das.

Die vier Kilometer hinunter nach La Bastide-Puylaurent nehmen wir locker und kaufen im Ort ein zweites Mal ein – frau weiß ja nicht, wann es wieder einen Laden gibt. Als wir dann auf dem Campingplatz eintrudeln, fällt unser Blick auf eine Tafel: *Plat du Jour*, Tagesgericht. Die Campingplatzbesitzerin kocht heute Abend für eine Handvoll Gäste *ein* Essen.

„Sollen wir?", frage ich.

„Klar!", ruft Anette, „nach so viel entspannter Muße gönnen wir uns auch noch einen gedeckten Tisch!"

„Liebe Karin,

hast du gesehen, wie ich mich heute gefreut habe, als wir die beiden anderen Esel getroffen haben? Hast du gesehen, wie wir unsere Nasen aneinander gerieben, unsere Geschichten ausgetauscht, miteinander ganz friedlich-still den Moment genossen haben? Ja, das war der schönste Moment heute für mich! Es nährt meine kleine Eselseele, Freunde zu haben, Nasen zu reiben und Fell zu zupfen. Was nährt deine Seele, warst du heute auch so froh über irgendwas? Hattest du auch einen Moment tiefer Stille?"

„Liebe Coquelicot,

ja, ich freue mich über ganz viel im Leben: über lachende Kinder und blühende Blumen, über ein stilles Bächlein und das rauschende Meer, über ein gutes Buch und ein echtes Gespräch, über … ach, ich könnte endlos weiterschreiben. Die Welt kann so wunderbar schön sein. Denke nur an die Sonne, den Mond, die Sterne in der Nacht!

All diese Dinge nähren mich, und so gehe ich im Sommer bei Mondschein gerne im See schwimmen, laufe im Winter durch glitzernden Schnee und freue mich über eine Hütte mit Feuerstelle … Und, ja, in all diesen Momenten kann ich auch still werden, aber diese Kapelle heute, die war etwas ganz Besonderes."

Was nährt dich?

Siesta eseliana

Camping d'Allier – Chabalier – Chasseradès

6. September, La Bastide-Puylaurent, 13 Grad

Während uns gestern früh ein Gewitterschauer in die Kaffeetassen regnete, umweht heute sonnig-warmer Pinienduft den Frühstückstisch. Nach weit über hundert Kilometern, die wir inzwischen mit den Eseln zurückgelegt haben, geht uns die Pflege der Tiere inzwischen leichter von der Hand: Das Hufeauskratzen ist Routine geworden, wir versorgen kleine Wunden und haben ein nicht mehr ganz so unsicheres Gefühl für notwendige Futtermengen und Fresszeiten. Der Packsattel sitzt, das Gepäck bleibt im Gleichgewicht, und wir „lesen" an den Ohren und Lippen, ob sich unsere beiden Damen wohlfühlen.

Die Beobachtung der Eselsohren ist ohnehin höchst spannend. Wapa, die grundsätzlich als Leittier an erster Position läuft, hat die Lauscher immer nach vorne gespitzt, während Coquelicot, die an zweiter und letzter Stelle läuft, ihre Ohren überwiegend nach hinten ausrichtet. Es scheint, als wollten sie sicherheitshalber beide Richtungen abdecken.

Trotz des guten Futters und des Ruhetages gestern sind unsere Esel heute irgendwie lustlos. Fast schlurfen sie, anstatt zu laufen, das Tempo ist zum Einschlafen. Das kennen wir so gar nicht von ihnen. Aber der Weg ist auch langweilig: eine Asphaltstraße, die nichts hergibt, das befriedigt unsere neugierigen und aufmerksamen Eseldamen in keiner Weise – uns ja auch nicht.

Carmen Rohrbach beschreibt eine ähnliche Erfahrung: „Wir müssen eine längere Strecke auf einer Straße gehen. Was uns beiden gar nicht gefällt. Seinen Missmut demonstriert Choco, indem er mit winzigen Schrittchen sich kaum vorwärts bewegt."[46]

So zockeln wir dahin, und ich lasse meinen Blick in aller Ruhe über die Weiler schweifen. Ein Großteil der Häuser steht auch hier leer, die Fensterläden sind geschlossen oder schon zur Hälfte zerfallen, das Dach ist marode oder schon vollständig verschwunden. In jedem Dorf gibt es mindestens eine Handvoll Schilder „A vendre", zu verkaufen. Dann wieder entdecken wir ein, zwei Häuser mit intakten Fenstern, frisch gestrichenen Läden in Lila oder Gelb, Hellblau oder Weiß, mit Blumen vor der Tür oder auf der Steinmauer vorm Haus, davor ein kleiner gepflegter Gemüsegarten. In einer Holzkiste vor der Tür trocknen selbst gesammelte Pilze in der Sonne, eine Katze liegt auf der Schwelle oder sitzt auf dem Fenstersims, der Briefkasten hat einen lesbaren Namen. Hier lebt jemand, hier pflegt jemand. Die übrigen Häuser liegen wie im Dornröschenschlaf. Was für ein Kontrast innerhalb eines einzigen kleinen Ortes!

Gestern noch habe ich über Foucaults Begriff der Selbstsorge nachgedacht, heute kann ich den Bogen weiter schlagen, über das eigene Selbst hinaus: Wie pflegen wir unsere Häuser, unsere Gegend, unsere Landschaften? Doch jede Medaille hat zwei Seiten, auch in den Cevennen: Die eine Seite, die sich uns zeigt, ist die extensive Landwirtschaft – eine, in der wenig gedüngt wird, eine, in der die Tiere noch Licht und Luft, Sonne und Wind erleben und in der vieles noch natürlicher gehandhabt wird, als es heute vielfach üblich ist.

Während das sicherlich nicht für ganz Frankreich gilt, ist es für die Cevennen typisch. Bereits 1913 wurde der *Club Cévenole* gegründet, zum Schutz der Cevennen und der Causse. 1970 entstand dann der *Parc National des Cévennes,* und 1985 hat die UNESCO diese Gegend als Welt-Biosphärenreservat anerkannt. Schließlich wurden die Cevennen und die Causses 2011 in die Liste des UNESCO-Weltkulturerbes aufgenommen: 3000 Quadratkilometer Landschaft, in der sich Tiere und Pflanzen entfalten dürfen, in der Artenvielfalt gewünscht und wieder möglich ist. Zweieinhalbtausend Tierarten leben hier, und es gibt eine Flora, die mannigfaltiger nicht sein könnte. Die Cevennen haben eine Höhendifferenz bis zu 1500 Metern, und von daher trifft man in den südlichen Cevennen auf klassische Mittelmeergewächse wie Oliven- und Mandelbäume, auf Zypressen und Oleander, während weiter oben Steineichen und Kastanien wachsen und über 1000 Metern Buchen, Kiefern und Tannen zu finden sind. Auf den subalpinen Bergkämmen finden sich sogar einige wenige Arten, die nur in Polargebieten wachsen, insgesamt elftausend verschiedene Pflanzen; ich finde das genial, wollte ich doch mal Biologie oder Gartenbau studieren. Und auch, wenn ich mich dann doch für die Studienrichtung „Mensch und Leben" entschieden habe, so liebe ich noch immer die Pflanzenwelt, erfreue mich an interessanten Gärten, pflege zusammen mit Freunden eine alte Streuobstwiese und führe ein Gartentagebuch.

Die andere Seite der Medaille ist die extreme Entvölkerung der Cevennen. Innerhalb weniger Jahrzehnte ist die Hälfte der Einwohner in die Küstenstädte des Südens abgewandert, und heute ist diese Gegend das am dünnsten besiedelte Gebiet in Frankreich. Fünfzehn Menschen wohnen hier im Schnitt auf einem Quadratkilometer – im Vergleich: Bei uns sind es fünfzehn Mal so viele. Aber was macht man hier auch, was arbeitet man hier, wovon lebt man? In vielen Dörfern haben wir zumeist nur eine Handvoll ältere Menschen angetroffen, die ein paar Hühner halten und ein wenig Gemüse anbauen. Für die Jungen reicht das nicht mehr. In La Bastide-Puylaurent wurde ich in der Apotheke von einer jungen Frau bedient. Ja, sie hat mit Mitte zwanzig eine Arbeitsstelle. Doch wo ist die Disco, wo ist das Leben mit anderen jungen Leuten? Wo ist die nächste Schule, die nächste Bibliothek?

Mit ihren abgelegenen Tälern und ihrer schwer zugänglichen Landschaft waren die Cevennen schon seit Jahrhunderten ein Rückzugsgebiet: im 16. Jahrhundert für die Protestanten, im Zweiten

Weltkrieg für die Juden, für deutsche Nazigegner, für französische Widerstandskämpfer ... Hier war es schon immer einsam, rau und karg. Im Mittelalter ernährten sich die Menschen zu 80 Prozent von Esskastanien. Diese wurden roh gegessen, gekocht, geröstet, getrocknet und mussten den gesamten Winter über als Nahrung dienen. Im Herbst sammelte jeder drei bis vier Wochen lang täglich bis zu 150 Kilogramm Kastanien, um überleben zu können. Einseitig war diese Ernährung und ungesund – man nannte die Gegend „Land ohne Brot". Noch heute gibt es bis auf die alten Handels- und Pilgerstraßen, die überwiegend Wanderwege sind, kaum Infrastruktur und die Industrialisierung ist an diesem Landstrich völlig vorübergegangen – zum Wohle der Natur.

Ich frage mich, ob Natur immer nur dort sein darf, wo der Mensch *nicht* ist? Kann sich Natur nur dann entfalten, wenn sich der Mensch aus ihr zurückzieht, wenn er sie nicht (aus)nutzt? Oder gibt es einen Mittelweg, ein Miteinander, eine andere Art des Zusammenlebens? Wenn ja, dann haben wir diesen Kompromiss noch nicht gefunden.

Unser Ziel heute ist ein Campingplatz auf einem Bauernhof: die *Ferme de Prat Claux*. Wunderbar, wir finden gleich die richtige Ansprechpartnerin, eine Bauersfrau in Kittelschürze, mit Stroh an den Schuhen und einem Lachen im Gesicht. Zusammen mit ihrem Mann und ihren fast erwachsenen Söhnen betreibt sie neben der Landwirtschaft noch einen Campingplatz. Der Vorteil für uns und unsere Esel: Sie weiß, was die Tiere brauchen: einen großen Berg Heu, frisches Wasser, Salz und eine sichere Einzäunung.

Ich liebe das Miteinander zwischen Mensch und Tier, verarzte im Alltag hier ein paar Kinder, die mit ihren Rädern auf der Schotterstraße gestürzt sind, fahre dort eine verletzte wilde Katze zum Tierarzt, genieße und verteile hier eine Umarmung oder dort ein herzliches Dankeschön. Für mich ist es ein gelungener Tag, weil diese Sonnen-Herzens-Energie fließen konnte, und so genieße ich es auch umgekehrt, wenn Menschen nett zu mir sind, mir wie diese Bauersfrau eine Hand reichen.

Wir erobern den sonnigsten Platz für unser kleines Zelt, halten Siesta, und ich mache das, was ich schon als Kind sehr geliebt habe – den Wolken zuschauen. Damals bin ich auf das Dach von Großmutters Gartenhütte geklettert, habe mich dort oben hingelegt und schaute stundenlang den Wolken zu. Niemand sah mich, niemand störte mich – einzig meine Großmutter wusste, wo ich war, ließ mich aber in Ruhe und ging ihrer Gartenarbeit nach.

Auch beim Wandern oder Segeln beobachte ich gerne das Spiel der Wolken, doch hier genieße ich sie im Liegen und gehe, ohne auf die Wege oder andere Schiffe aufpassen zu müssen, mit ihnen auf Reisen, träume und entspanne mich ...

Irgendwo oberhalb unseres Zeltplatzes muht eine Kuh. Bilder von unterwegs tauchen vor meinem inneren Auge auf, von den wunderschönen Aubrac-Rindern, sie haben es mir angetan. Ihre Augen, so heißt es hier, seien noch schöner als die junger Mädchen. Und wirklich: Sie haben nicht nur bezaubernde, schwarz umrandete Augen, sondern auch herrlich lange Wimpern und dunkle Schnauzen. Man sagt, sie seien sehr widerstandsfähig und genügsam. Außerdem leben sie lang und kalben leicht. Für die *Buronniers*, die Hirten, sind das sicherlich ausschlaggebende Merkmale. Interessant finde ich, dass diese Tiere ausgesprochen mütterlich sind und die Hirten sie immer in der Herde mit einem Bullen halten sowie zusammen mit den Kälbern. Diese sind besonders wichtig, denn eine Aubrac-Kuh lässt sich nur melken, wenn das Kälbchen vorher angesaugt hat. Sie passen daher gut in die extensive Form der Landwirtschaft der Cevennen.

Noch gibt es ein paar letzte *Buronniers*, die diese Kühe traditionell halten, das heißt, sie jedes Jahr am 25. Mai hinauf auf die Sommerweide treiben und am 13. Oktober wieder in den Stall holen. Einige

ERKENNTNIS DES TAGES

Nimm dir öfter einmal Zeit, dem Wolkenschauspiel zuzuschauen; es tut dir gut.

Bauern folgen sogar der alten Tradition und treiben Dutzende Mutterkühe noch zu Fuß über kilometerlange Wege bis auf die sommerlichen Weideplätze und transportieren nur die Kälbchen über die lange Strecke im LKW. Andere bringen mittlerweile die gesamte Herde im Lastwagen auf die Hochweiden. Sie alle aber folgen, wie seit dem 16. Jahrhundert, dem Zyklus der Wanderweidewirtschaft.

Anette hat immer wieder diese wunderbaren Tiere fotografiert. Sie machen einen sanften und freundlichen Eindruck auf uns. Aber natürlich leben sie hier auch äußerst entspannt, müssen keine Hochleistungen vollbringen und dürfen ihre herrlichen Hörner behalten. Niemand sägt ihnen diese ab, und mit vier bis fünf Litern Milch pro Tag und Kuh ist man zufrieden.

Die wenigen Hirten, die es hier noch gibt, pflegen mit der Tradition und der Liebe zu den Kühen auch ihre eigenen Wurzeln, und ich frage mich: Was gibt *mir* Wurzeln und Halt im Leben?

Die Antwort kommt mir schnell in den Sinn: Bei mir sind es vor allem Freunde und Familie, aber auch meine Fähigkeiten und Fertigkeiten sowie meine Gewohnheiten: Ich brauche eine gewisse Ordnung um mich herum, ich liebe meine Tasse Kaffee, wenn ich mich an den Schreibtisch setze, oder mein morgendliches Yoga-Programm. Verbunden damit ist für mich auch die Frage: Worauf kann ich mich verlassen? Auf meine Sprache, kommt sogleich die innere Antwort, in der ich mich zu Hause fühle, mich ausdrücken kann. Auch auf die Natur in Mitteleuropa kann ich mich verlassen, auf das typische Vogelgezwitscher im Frühling, den Duft von Kartoffelfeuern im Herbst, die besondere Stille, wenn im Winter der Schnee fällt … Das sind für mich tief verwurzelte Sinneseindrücke einer zum Glück heilen Kindheit.

Ich habe in den ersten Lebensjahren diesen Bezug zum Jahreslauf und natürlichen Rhythmus sehr tief in mich aufnehmen können und frage mich nun: Können wir uns heute erneut einschwingen in den Kreislauf von Frühling, Sommer, Herbst und Winter, und wenn ja, wie? Immer mehr Menschen sind darauf bedacht, Gemüse und Obst nur noch saisonal zu kaufen, nehmen die Natur bewusster wahr, feiern wieder Feste im Jahreskreis. Auch der Lauf der Sonne gibt uns Sicherheit, geht sie doch zuverlässig jeden Tag auf und unter, und die Sterne ziehen seit Ewigkeiten ihre Kreise. Natürlich schwingt auch bei mir die Sorge um Klimawandel und Umweltverschmutzung mit. Ich kann aber nur bei mir selbst anfangen, im Kleinen, um Größeres zu bewirken, zum Beispiel mir überlegen, welche Produkte ich bei wem einkaufe, was ich vermeide oder gar nicht mehr kaufe, worauf ich mich konzentriere, wen ich unterstütze. Irgendwo habe ich diesen Satz aufgeschnappt: „*Every Dollar you spend or don't spend … is a vote you cast for the world you want.*" – Jeder Dollar, den du ausgibst oder nicht ausgibst, entscheidet darüber, wie die Welt aussieht, in der du leben willst.

Ja, Geld ist ein Gestaltungsmittel, und ich kann entscheiden, ob ich es zum Biobauern oder in einen Riesensupermarkt trage, ob ich zu viele Lebensmittel kaufe und sie dann aufgrund mangelnder Achtsamkeit in den Mülleimer werfe, oder ob ich sie achtsam nutze und die viele Arbeit, die in ihnen steckt, wertschätze.

„Liebe Karin,

ein Bauernhof ist ein guter Ort für einen Esel, denn dort wird er immer satt: Gras und Heu, Wasser und Salz, ein Unterstand – das gefällt mir. Aber wer hat behauptet, dass Esel genügsam sind? Wenn da so viel Heu liegt, dann fresse ich und fresse ich und fresse ich. Habe gehört, dass es den Menschen mit Schokolade manchmal auch so geht. Stimmt das?"

„Liebe Coquelicot,

ja, das stimmt. Viele Menschen essen auch dann, wenn sie überhaupt keinen Hunger haben, und Schokolade oder Chips sind dabei besonders verführerisch. Ich kenne das von mir: Früher habe ich viel Schokolade gegessen, denn ich hatte zum einen einen psychisch sehr belastendenden Arbeitsplatz, zum anderen versuchte ich mich in der Kunst, einen Vollzeitjob mit den Anforderungen an eine ‚gute' Mutter unter den berühmten Hut zu bringen. Zum Glück habe ich mich irgendwann einmal zurückgelehnt und mein Leben angeschaut, das Ungesunde darin gespürt und mich auf die Suche nach einer anderen Arbeit gemacht. Seit ich meinen Arbeitsplatz gewechselt habe und mein Sohn gut auf eigenen Füßen steht, ist mein Schokoladenkonsum drastisch zurückgegangen. Auch bereite ich mir häufig schon morgens eine Rohkost-Knabberbox mit Äpfeln und Möhren zu, mit frischen Paprika oder Fenchel, versuche, in Ruhe und mit Achtsamkeit zu essen und mehr auf meinen Körper zu hören.

Seeehr verführerisch sind für mich aber immer noch Chips. Mache ich eine Tüte auf, ist sie auch schon leer. Wie bei dir mit dem Heu!"

Eine Tasse Morgenluft

Ferme de Prat Claux – Chasseradès – Mirandol –
l'Estampe – Col D 120 – Serreméjan – Les Alpiers –
Camping La Gazelle/Le Bleymard

7. September, Chasseradès, elf Grad

Der hauchzarte Frühnebel zaubert zusammen mit den Sonnenstrahlen, die ihn langsam durchdringen, eine bizarre Landschaft. Sie ist flüchtig und schon wieder verschwunden, als ich aus der Dusche komme. Anette hatte es geahnt und war bereits vor dem Frühstück unterwegs, um dieses faszinierende Schauspiel mit der Kamera einzufangen und festzuhalten.

Auch ich genieße diesen Morgen, nicht nur wegen seiner Magie, sondern weil ich gerne um diese Zeit draußen bin und diese besondere, frische Luft tief in mich einatmen und Kraft schöpfen kann. Henry David Thoreau, amerikanischer Schriftsteller (1817 – 1862), nennt die Morgenluft eine Arznei, und ich finde, er hat recht, wenn er schreibt, wir sollten einen „Zug unvermischter Morgenluft" zu uns nehmen, denn sie sei etwas ganz Besonderes und „selbst im kühlsten Keller wird sich die Morgenluft nicht bis zum Mittag halten." Ja, Morgenluft ist etwas, das man nur im Hier und Jetzt genießen kann, für das man früh aus den Federn muss – oder draußen schlafen, so wie wir. In den letzten Tagen habe ich morgens im Schlafsack gelegen und noch im Halbschlaf diese Frische in mich hineingeschnuppert. Mhmmm… lecker!

Ich liebe diese frühen Morgenstunden auch deshalb, weil dann noch alles frisch vor mir liegt, jeder Tag im Leben ist ein Geschenk –

vor allem, wenn frau gesund ist. Nach einem Unfall vor zwei Jahren freue ich mich oftmals wie ein kleines Kind an Weihnachten über einen Körper, der wieder schmerzfrei und beweglich ist. Auch das ein Geschenk!

Und dann das Barfußlaufen im Gras – wie liebe ich es! – mit meinen Füßen, die im normalen Alltag lange Stunden in Schuhen stecken und sich freuen, wenn sie in der Freizeit im Sommer „nackig" sein oder im Winter lediglich Wollsocken spüren dürfen. Während ich durch das taufrische Gras schlendere, fällt mir auf, dass ich auf unserer Wanderung immer warme Füße hatte; die kalten Schreibtischfüße von zu Hause sind verschwunden.

Schon seit vielen Jahren begleitet mich ein Satz, den ich irgendwo einmal gelesen habe: „Wenn man barfuß geht, wie kann man da die Erde vergessen?"[47] Ja, dieser direkte Kontakt mit dem Erdboden nährt mich. Ein Bekannter von mir hat eine ähnliche Erfahrung gemacht:

Während eines Aufenthalts in Costa Rica wurde ihm mit einem Mal bewusst, dass er in seinem Alltag die ganze Woche über kaum wirklich Erde berührt – immer nur Asphalt unter den Füßen hat, Beton, Zement.

ERKENNTNIS DES TAGES

Genieße den frühen Morgen – er ist herrlich frisch und belebend.

Selbst beim Joggen in der Großstadt, in der er lebt, gibt es keinen wirklichen Erdboden. In ihrem Buch „Langsamer!" formuliert Ilma Rakusa einen ähnlichen Gedanken: „Organe des Erkundens [einer Landschaft] sind die Augen und mehr noch die Füße, wobei die Sinnlichkeit, die sich aus der Berührung des Bodens ergibt, ihren eigenen Erkenntniswert hat."[48]

Wir holen die Esel von ihrer Weide. Den riesigen Berg Heu, den sie gestern auf ihrem Platz vorfanden, haben sie ziemlich dezimiert. Das Wasser ist aufgebraucht, wir füllen den Eimer erneut, und nachdem Wapa kurz ihre Nase hineingesteckt hat, ist er prompt wieder leer. Also holen wir noch einen Eimer und noch einen ... Wir vergessen zu zählen. Noch nie haben unsere Esel so viel getrunken, aber sie haben auch noch nie so viel trockenes Gras gefressen. Hoffentlich war es nicht zu viel für sie!

Als wir gepackt haben und loswollen, fällt mir auf, dass ich gestern meine Sonnenbrille verloren haben muss. Mist. Mit ihren passend für meine Augen geschliffenen Gläsern war sie nicht gerade billig – aber was lässt sich tun? Den ganzen Weg zurücklaufen und sie suchen? Keine prickelnde Vorstellung. So muss es halt ohne Sonnenbrille gehen. Ich denke an Anettes Fotodeckel, der irgendwo auf unserem Weg liegen geblieben ist, und es fallen mir noch andere Gegenstände ein, die ich auf dieser Welt beabsichtigt oder unbeabsichtigt zurückgelassen habe: meine Uhr auf einer einsamen Landstraße in Irland, einen Kochtopf bei den Indianern in Kanada, einen goldenen Ohrring im Golf von Thailand.

Vom Verlieren gehen wir über zum (hoffentlich) Finden, denn wir suchen in Chasseradès einen Laden, der angeblich am Sonntag geöffnet haben soll. Wir irren ein wenig zwischen der Handvoll Gässchen herum und entdecken schließlich das Geschäft. Frisches Baguette gibt es hier am Sonntag nicht, selbst die Französinnen kaufen es tiefgefroren. So tue ich es ihnen gleich, nehme noch ein wenig Obst und Gemüse und eine Portion Taboulé mit.

Die „Beute" im Gepäck folgen wir weiter dem Stevenson-Weg: „Schließlich überquerte der Weg den Chassezac auf einer Brücke, verließ die tiefe Senke und schickte sich an, den Berg La Goulet zu überqueren. Durch Lestampes wand er sich aufwärts an Hochlandfeldern und Buchen- und Birkenwäldern vorbei, und jede Windung verschaffte mir die Bekanntschaft neuer, interessanter Dinge."[49]

Ja, neue und interessante Dinge – doch heute scheinen sie unseren Eseln Angst zu machen. Mitten im Wald bleibt Wapa ungewohnt häufig stehen, die Ohren gespitzt, lässt sich nur mühsam zum Weitergehen bewegen. Esel haben nicht umsonst lange Ohren. Schon frühzeitig erlauschen sie ihre natürlichen Feinde. Sie würden nie, wie Pferde, eine kopflose Flucht beginnen – in der Steinwüste, aus der sie kommen, wäre das fatal. Nein, sie bleiben stehen, wägen die Gefahr ab, und so laufen sie nach gutem Zureden immer wieder ein Stück bergauf. Auch wir ahnen mehr, als wir sehen, dass da etwas ist. Ein Fuchs? Ein Luchs? Ein wildernder Hund? Sicher sind wir nicht und fragen uns, ob es nicht auch das viele Heu sein kann, das die beiden in der Nacht gefressen haben. Gemeinsam mühen wir uns voran – drei Schritte gehen, stehenbleiben, gut zureden, drei Schritte gehen, stehenbleiben, gut zureden – die kleine Coquelicot schafft die Steigung kaum. Die 400 Höhenmeter sind extrem mühsam für sie. Oben angekommen, schläft sie fast im Stehen ein, döst vor sich hin und lässt das sonst übliche Fressen einfach ausfallen. Auch mir steht der Schweiß nicht nur auf der Stirn, sondern auch in den Schuhen, und die Frage, die ich mir stelle, lautet: Wie motiviere ich meine Vierbeiner? Ohren kraulen? Möhren anbieten? Gut zureden?

Die Sonne hat an diesem Sonntag die Einheimischen in den Wald gelockt – mit Körben und Taschen voller Steinpilze und anderen

Sorten kommen sie uns entgegen, strahlen vor Freude über ihre Fundstücke und freuen sich schon auf die feinen Gerichte, die sie daraus zubereiten werden. Eine Gruppe von Frauen zeigt uns einen *Bouchon de Champagne*, doch wir brauchen einen Moment, ehe wir begreifen, dass es sich nicht um eine uns unbekannte Pilzsorte handelt, sondern um die Bezeichnung für kleine Pilze, die noch die Form eines Sektkorkens haben.

Seit Tagen haben wir nicht so viele lachende Menschen gesehen, Menschen, die sich über Pilze und andere Menschen freuen, über Natur und Sonntage, Menschen, die nicht nur untereinander reden, sondern auch mit uns, und die uns auf die kleinen Walderdbeeren aufmerksam machen und von ihren Lieblingspilzen erzählen. Ich genieße diese Frauen und älteren Ehepaare und die Gespräche mitten im Wald – sie erinnern mich an meine Kindheit.

Ich bin aufgewachsen in einer Familie, in der das Kräuter- und Pilzesammeln zum Jahreslauf gehörte und meine Großmutter sich noch die Arbeit machte, Waldheidelbeeren in solchen Mengen zu suchen, dass sie sie in Weckgläsern einkochen konnte. Thoreau beschreibt, dass nur die selbst gesammelten Heidelbeeren überhaupt nach Heidelbeeren schmecken: „Ihren wahren Geschmack offenbaren die Früchte nicht dem, der sie kauft oder für den Markt pflückt. Es gibt nur einen Weg, dies Aroma zu schmecken, aber wenige gehen ihn. (…) Es ist ein weitverbreiteter Irrtum, anzunehmen, wer nie Heidelbeeren pflückt, wüßte wie sie schmecken. (…) Der ambrosische wesentliche Teil der Frucht geht verloren mit dem Schmelz, der auf den Marktwagen abgerieben wird, und die Früchte werden bloßes Futter."[50]

Ja, sie hat etwas Besonderes, diese Freude über ein paar selbst gepflückte Beeren im Wald oder eine Handvoll Pilze. Gerne würden auch wir durch das Unterholz streifen und uns auf die Suche nach diesen Geschenken der Natur machen, doch mit unseren Damen, ihren dicken Packtaschen und der noch unbekannten Antwort auf die Frage: „Finden wir heute Abend einen passenden Platz für unsere beiden?" wandern wir doch lieber weiter. Immerhin haben wir vor ein paar Tagen einen Parasol gefunden und seine herrliche Kappe abends in der Pfanne gebraten: Vorspeise à *la forêt*, nach Art des Waldes.

Ich bekomme große Lust, die vielen Holunderbeeren, die wir überall sehen, zu sammeln und aus ihnen Saft zu machen. Sie sind so kräftig, so leuchtend schön, dass es mich in den Fingern kribbelt. Mit Wonne sammle ich daheim über das Jahr hinweg frische Brennnesseln für die Suppe im Frühjahr, Holunderblüten im Mai und Beeren und Nüsse im Herbst – unter all diesen Frauen hier im Wald fühle ich mich plötzlich zu Hause. Es wäre schön, sich mit ihnen ausführlicher zu unterhalten, doch es ist mühsam, immer wieder Worte zu suchen. Trotzdem rede ich mittlerweile einfach los und versuche, mir nicht allzu viele Gedanken über Fehler zu machen, denn nur so kann ich üben und besser werden. Zudem folge ich damit Stevensons Beispiel, wie mir beim Lesen seiner Biografie deutlich geworden ist: Obwohl er wegen seiner schwachen körperlichen Konstitution nur unregelmäßig die Schule besuchen konnte, lernte er Latein, Französisch und Deutsch und redete während seiner Aufenthalte in Deutschland und Frankreich mutig drauflos.

Unser Weg führt uns zunächst durch lichte Birkenwälder und Ginster, das Wetter ist angenehm mild. Doch der Abstieg hinunter nach Les Alpiers und Le Bleymard ist steinig und steil und zieht sich endlos hin. Unsere Große mag diese Wege überhaupt nicht, dauernd rutscht sie mit ihren Eisen auf den glatten Felsen aus. Zudem kommt heute wieder ihre Marotte durch, wenn es bergab geht, in einen wilden Galopp verfallen zu wollen. Anette nimmt alles Know-how und alle Kraft zusammen, um Wapa halbwegs vernünftig den Berg hinunterzuführen. Meine Kleine hat es da ohne Eisen leichter, aber sie ist sichtbar erschöpft.

In unseren Köpfen spukt die allgegenwärtige Frage: Wie wird der Campingplatz sein? Gibt es eine ordentliche Wiese mit Zaun und Futter? Können wir unsere Eseldamen „loslassen", die Verantwortung für sie eine Weile ablegen und auch uns ausruhen? Als wir unsere Eselwanderung planten, sind wir davon ausgegangen, dass die Esel unser

Gepäck tragen würden und wir mit einem leichten Rucksack für Wasser und Brotzeit wandern könnten und ent-lastet (!) wären. Im Laufe unserer Tour haben wir jedoch gemerkt, wie schwer wir die Last der Verantwortung für die Tiere Tag für Tag im Rucksack tragen. Wir sind uns schon jetzt einig: Wenn wir noch einmal eine Wanderung mit Eseln machen, nehmen wir einen funktionierenden Zaun mit und ein Solargerät für eigenen Strom, wir werden Kraftfutter und Salz einpacken, um uns auf keinerlei Versprechungen verlassen zu müssen. Wir werden auch, wenn wir derart unabhängig sind, notfalls mal wild zelten – selbst wenn es nicht erlaubt ist – und dort übernachten, wo das Futter gut ist und die Esel zufrieden sind.

Wir erreichen den Campingplatz und staunen: Schon am Eingang hängt ein großes Schild mit Pfeil: *Clôture pour des* ânes, Umzäunung für Esel. Wunderbar! Keine Suche, kein Fragen, sondern ein Hinweis für müde Wanderer mit tierischen Langohr-Begleitern. Wir folgen dem Schild und finden eine saftig grüne Weide mit Zugang zum Wasser des Lot sowie einen Salzstein. Beruhigt satteln wir ab, schauen unseren beiden noch beim genussvollen Wälzen zu und suchen uns dann zwischen Zelten und Wohnmobilen einen Schlafplatz aus. Wieder einmal wird uns ein Bach ein Schlaflied vorplätschern.

Gegen Abend kommt die Dame, die für den Platz zuständig ist. Auch sie überrascht uns: Wir zahlen 6,90 Euro für uns vier pro Nacht, weil wir MIT Eseln auf dem Stevenson-Weg wandern, und im Preis inbegriffen ist obendrein ein großer Eimer Futter. Wir beschließen, im Dorf essen zu gehen und den Gaskocher auszulassen. Madame hat uns einen kleinen *Gîte* mit Restaurant empfohlen, das wir auch gleich finden. Und schon erleben wir die nächste Überraschung: Auf meine Frage nach einem Abendessen erklärt uns der junge Mann hinter der Theke, die Küche sei geschlossen (es sei ja schon halb neun), aber einen Salatteller könne er uns noch machen lassen. Dabei strahlt er mich mit leuchtenden Augen an, ich strahle mit leuchtenden Augen zurück. Einen Salatteller – darauf freue ich mich nach all dem Baguette und Käse, Baguette und Wurst, Baguette und Baguette schon seit Tagen.

Nach der verschlossenen Bergwelt scheinen wir in eine andere Gegend gekommen zu sein: Der junge Mann hinter der Theke lacht mit seinen Gästen, unterhält sich hier, fragt dort, bringt uns schließlich einen appetitlich angerichteten Salat mit Kastanien und Walnüssen, bietet uns danach noch einen Espresso an. Zum ersten Mal seit Langem haben wir das Gefühl, da ist jemand, dem es Freude macht, dass Fremde kommen, der seinen Job liebt. Ach, tut das gut – die Welt ist wieder in Ordnung!

Mit fällt Hermann Hesse ein. In seinen „Wanderungen" schreibt er über den Unterschied, den er beim Wandern über die Alpen in Richtung Süden erlebt hat. Das wäre gewesen, als sei er endlich auf „der richtigen Seite der Berge"[51] angekommen.

Ankommen, das ist das Stichwort für uns an diesem Abend. Wir hatten uns vorgenommen, den gesamten Stevenson-Weg zu laufen, doch schon am dritten Tag war uns klar geworden, dass wir dafür mehr Zeit benötigen würden als uns, bedingt durch unseren Rückflugtermin, zur Verfügung stand. Ja, wo wollten wir ankommen und mit unseren Eseln das Ende der Tour einläuten? Bereits letztes Jahr hatte ich mit dem Liebsten Florac besucht und dieses kleine Städtchen in mein Herz geschlossen. Nun schwärme ich Anette vor, und wir überlegen, ob dieser Ort mit seinem südlichen Flair nicht ein guter Endpunkt unserer Reise sein könnte.

„*Liebe Karin,*

wie gerne wäre auch ich heute in diesen Wald hineingelaufen, vor lauter Neugierde hat es mich schier zerrissen. Ach, wäre das schön gewesen, die Packtaschen abzuwerfen, euch beim Pilzesuchen zuzuschauen und derweil die eine oder andere Distel zu finden oder diese köstlichen Himbeerblätter zu rupfen. Du weißt doch, wie sehr ich sie liebe.

Wolltet ihr nicht ‚die Uhren hinters Haus werfen‘[52], so wie dieser Stevenson? Nun seid ihr doch immer wieder gedrängt von Ankommen und Platz finden – schade. Ich weiß, ihr macht das nur uns zuliebe, und ich bin sehr dankbar, dass ihr euch so gut um uns kümmert – ach, aber schön gewesen wäre es trotzdem bei den Pilzen. Du hättest ruhig auch noch länger mit den Frauen reden können, und während ihr schön geplaudert hättet, wäre es mir vielleicht gelungen, meine Nase in den einen oder anderen Korb zu schieben.

Ich wäre heute lieber ein bisschen mehr eigensinnig gewesen, statt das brave Mädchen zu sein! Schließlich hatte doch auch dieser Stevenson einen Dickschädel, erinnerst du dich? Neulich hast du vorgelesen, dass seine Frau über seinen schottischen Stevenson-schädel geschimpft hätte. Und hat er nicht im Hörsaal der Unität oder wie das hieß, statt zuzuhören und ordentlich mitzunotieren, seine eigenen Geschichten aufgeschrieben? Ziemlich frech war er – das habe ich mir gemerkt. Ja, wenn er nicht so eigensinnig gewesen wäre und seine Geschichten aufgeschrieben hätte, dann hättest du sie nie gelesen, dann hättest du nie den Wunsch verspürt, hier herumzuwandern, und wir hätten uns nie kennengelernt. Und das wäre doch echt schade gewesen!

Können wir mal nach Schottland reisen?“

„Liebe Coquelicot,

mir fällt Stevensons Regel Nummer sechs ein: *Fais ce que tu aimes faire, mais sans t'endetter.* Tue, was du tun möchtest, aber ohne dich zu verschulden.

Natürlich mache ich gerne genau das, worauf ich Lust habe und was ich liebe, aber da ist sie wieder: die Verantwortung für euch.

Wenn ich darüber nachdenke, habe ich im Leben oft gemacht, worauf ich Lust hatte, zum Beispiel bin ich nach meinem Studium einfach für eineinhalb Jahre nach Kanada gegangen, um einmal etwas anderes zu sehen als Hörsäle und Bücher. Aber oftmals musste und muss ich auch das tun, was das Leben von mir verlangt, und das heißt nun einmal auch: Geld verdienen, Wohnung putzen, Windeln wechseln, Rechnungen bezahlen, Formulare ausfüllen, die Steuererklärung abgeben ...

Heute nehme ich mir durchaus immer wieder einmal die Freiheit, das zu tun, worauf ich wirklich Lust habe, sonst wäre ich auch nicht mit Anette, dir und Wapa unterwegs. Und wenn wir vier noch einmal einen anderen Weg erwandern, dann haben wir heute schon beschlossen, dass wir uns anders ausrüsten würden, viel freier wären und noch mehr nach Lust und Laune reisen könnten ...

Laisse-toi surprende, chère Coquelicot.»

Auf der Südseite des Lebens

Le Bleymard – Col Santal – Station de
Mont Lozère – Sommet de Finiels – Finiels

8. September, Le Bleymard, 14 Grad

Die dunkelgrauen Regenwolken haben sich zum Glück verzogen, die Sonne trocknet das taunasse Zelt, das Kaffeewasser ist aufgesetzt und das Flüsschen Lot plätschert uns eine Morgenmelodie zum Frühstück. Anette war schon beim Bäcker, legt mir ein frisches Croissant auf den Teller, stellt ein Blumensträußchen daneben und steckt noch eine kleine Kerze ins Croissant. Wir feiern meinen Geburtstag – unter freiem Himmel –, ich strahle über die schönen Wiesenblumen, das kleine Lichtlein und wickle wunderschöne, weiße Bleistifte aus.

„Die sind eckig, damit sie nicht wegrollen, wenn es mal richtig schräg wird", sagt Anette und grinst mich an. Das liebe ich so an ihr, diesen herzlich-frechen Witz, den sie immer wieder mit einer angenehmen Leichtigkeit hervorblitzen lässt.

Nach der üblichen Packaktion machen wir uns auf den Weg. Wir steigen zügig bergauf, die ersten 500 Höhenmeter sind bald geschafft, und wir lassen unsere Esel im Wald ihre Lieblingsspeise naschen: Himbeerblätter. Schließlich taucht die Station des Mont Lozère auf. Sie ähnelt einer klassischen Ski-Station, ist aber weniger hässlich und um diese Jahreszeit verlassen und leer.

Wir schlagen den berühmten alten Handelsweg entlang der markanten Stelen ein: Sie wurden bei der Instandsetzung des alten

Chemin de Régordane im 18. Jahrhundert als Wegweiser aufgestellt und funktionieren auch dann, wenn dichter Wolkennebel hier oben die Orientierung erschwert. Auch heute brauen sich Gewitterwolken zusammen, kommen näher und näher. Das erste Gewitter zieht an uns vorbei und regnet sich über Le Bleymard aus, doch neue Wolken schieben sich bereits drohend über die Kuppe, es donnert und rumpelt, es blitzt und kracht. Wir warten ab, wollen nicht gerade oben auf dem Berg in exponierter Lage als Blitzfänger dienen. Neben einem kleinen Haus, das wohl der Wasserversorgung dient, suchen wir Schutz und vespern, während unsere beiden Eseldamen abwechselnd fressen und nervös die Ohren spitzen. Ihnen behagt diese Wetterlage ebenso wenig wie uns.

Endlich scheint das Schlimmste vorüber, und wir ziehen los, über die kahle Hochebene, über diese Granitkuppel mit ihrer Moor- und Heidelandschaft. Der Fernwanderweg GR 7 verläuft auf den Spuren der *Drailles de la Margeride*, den traditionellen Triftwegen der Wanderschäferei, und ich versuche, mich ein wenig einzufühlen in diese alten Reise-, Handels- und Pilgerrouten, in diese alten Verbindungspfade zwischen den Weilern.

Schon immer haben mich Fernwege fasziniert, wie zum Beispiel die Seidenstraße, der Jakobsweg, die Walserwege, die *Grande Traversata delle Alpi* in den piemontesischen Westalpen, der *Sendero de Chile* ... Sie alle kenne ich nur aus Büchern, durch Filme oder Vorträge. Meine eigenen Weitwandererfahrungen erscheinen dagegen eher klein: Einmal zu Fuß quer durch Irland, eine ganze Woche paddelnderweise auf der Spree, auf La Palma in 14 Tagen 6000 Höhenmeter, drei Tage lang quer durch das Val Grande sowie viele andere große und kleine Touren. Ich muss an diesen häufig zitierten Satz denken: „Nur wo du zu Fuß warst, bist du auch wirklich gewesen."

Ich frage mich, was mich an diesen Weitwanderwegen so fasziniert, und hänge ein wenig diesem Gedanken nach. Es ist wohl das Thema Verbindung, das für mich darin steckt – die Verbindung zwischen Städten, Orten, Gemeinden, letztlich zwischen Menschen. Damit verbunden das Thema Austausch untereinander, von Waren und Wissen, von Meinungen und Ideen. Natürlich auch das Unterwegssein und eben nicht nur bis ins Nachbardorf, in dem (fast) alles ähnlich ist, sondern weiter weg, wo Neues erfahrbar werden kann und Sitten und Gebräuche zum Nachdenken anregen.

Aber es steckt noch etwas Anderes darin: Weitwandern beginnt für mich dort, wo mein Auto für mehrere Tage irgendwo geparkt bleibt, mein Terminkalender zugeklappt, wo Telefon und die Nachrichtensendungen aus aller Welt schweigen, wo die Alltagsmühle am Horizont hinter mir verschwindet. Weitwandern beginnt für mich dort, wo ich wieder die Zeit habe, das Waldweidenröschen am Wegesrand zu bewundern, wo ich mit einem alten Weiblein am Gartenzaun ein Gespräch beginne, wo ich an irgendeinem munteren Bach meinen Rucksack ablege, eine einfache Mahlzeit genieße und unter der Sonne dankbar Siesta halte.

Deshalb möchte ich auf diesen Weitwanderwegen auch nicht in einem Hotel übernachten und mein Gepäck dorthin transportieren lassen. So lange das körperlich noch geht, möchte ich die ruhigen Ecken durchwandern und abends nur noch die Vögel hören und die Sterne über mir haben. Ich möchte es einfach und ursprünglich halten – nur so kann ich den Gegensatz zu Alltag und Zentralheizung, zu Terminkalender und Wecker spüren. Ich möchte diese Freiheit fühlen, diese Unabhängigkeit, so wie es Coquelicot in ihrer Weisheit formuliert hat: „Ich gehe meinen Weg."

Neben den Wegen spielen die Flüsse eine ähnliche Rolle, waren und sind auch sie Transport- und Verbindungswege. Hier oben entspringt der Tarn, nimmt seinen Weg in Richtung Südwesten, fließt irgendwann in die Garonne, die aus den spanischen Pyrenäen kommt und schließlich in den Atlantik mündet.

Ich kraule Coquelicot hinter den Ohren und denke: Sie läuft von Le Monastier-sur-Gazeille über den Mont Lozère bis in den Süden. Welcher Esel hat schon so viel gesehen und ist so weit gewandert? Während wir gleichmäßig einen Fuß vor den anderen setzen, träume ich mich ein wenig in meine kleine Eseldame hinein:

„Ist es nicht großartig, wie weit ich schon gelaufen bin? Nun sehe ich eine neue Gegend – hier ist es ganz anders als bei uns, viel wärmer, sogar die Menschen scheinen entspannter zu sein, und es gibt nicht mehr so viele Wanderer, die sich auf mich stürzen und mir die Ohren vollplärren: ‚Ach, ist die süüüß!', ‚Wie heißt sie denn?', ‚Ist es die Modestine?'

Von hier oben kann man angeblich bei klarem Wetter bis zum Mittelmeer schauen. Ich weiß nicht, was das ist, aber ich würde gerne bis dahin laufen, die Welt kennenlernen, denn überall ist sie ein bisschen anders. Jemand hat erzählt, dass es dort rosa Vögel gibt. Ich kann das gar nicht glauben. Die Vögel, die ich kenne, sind schwarz oder braun oder haben vielleicht eine kleine bunte Feder, aber ganz rosa? Gerne würde ich mir das selbst anschauen und wissen, ob die Leute die Wahrheit erzählen. Noch kann ich jedenfalls von diesem Mittelmeer gar nichts entdecken – überall sind dicke Wolken und versperren mir die Sicht. Schade. Dieses Mittelmeer muss wirklich etwas Besonderes sein. Anette und Karin bekommen immer ganz sehnsüchtige Augen – aber ich weiß nicht, wenn dieses Mittelmeer aus ganz viel Wasser besteht, mache ich mir dort bestimmt die Hufe nass.

Das Beste aber ist heute, dass ich richtig viele Disteln fressen kann. So etwas gibt es bei mir zu Hause auf der Weide nicht und die sind sooo lecker ... Schon dafür hat sich dieser Weg gelohnt.“

Für mich heißt Weitwandern im wahrsten Sinne des Wortes auch, meinen Horizont zu erweitern. Stevensons Regel Nummer neun fällt mir ein: *Multiplie tes intérêts. Si tu ne peux voyager, parcours le monde par tes lectures.* Weite deine Interessen aus. Wenn du nicht reisen kannst, durchstreife die Welt mit deiner Lektüre.

Ich reise gerne, und ich lese gerne. Noch wertvoller ist es für mich jedoch, wenn ich über ein Land, eine Region, über fremde Menschen und Kulturen lese und erst dann dort hinfahre. Das Lesen macht mich neugierig und aufmerksam. Doch es sind weniger die Reiseführer mit ihrem informativen Charakter, sondern die Schilderungen von Schriftstellern. Gerade jene, die in einer anderen Zeit lebten, die einen anderen Blick auf die Dinge hatten, haben mein Reisen intensiviert. So auch die Reisetagebücher von Gustave Flaubert, die ich auf einer Reise durch die Bretagne in der Tasche trug und immer wieder darin las. Was für eine Bereicherung!

Das Erweitern des Horizonts beim Wandern hat für mich aber auch noch eine ganz persönliche Seite: Die Aussicht, der Weitblick oder Überblick, der entsteht und den ich auch im Leben immer wieder suche und brauche: Wo stehe ich gerade, was habe ich schon, was will ich noch? Wie geht es mir jetzt in diesem Moment, was macht mich glücklich, zufrieden, was nervt oder freut mich? Was will ich noch alles tun im Leben, erreichen, ablegen?

Diese Fragen sind für mich der Grund, warum ich seit Jahren Tagebuch schreibe, nicht nur auf Reisen, sondern auch auf der alltäglichen Lebens-Reise. Das Tagebuch und das autobiografische Schreiben haben eine lange Tradition, weil Menschen schon immer auf der Suche waren nach Klarheit und Reflexion, nach Überblick im Leben. Der Satz „Schreiben heißt, sich selber lesen", der mich schon lange begleitet, taucht in meiner Erinnerung auf. Ja, ich kann mich nach Wochen oder Jahren selbst (wieder) lesen. Welche Ereignisse gab es, was habe ich gedacht und gefühlt? Ich entdecke meine Lebensthemen, auf denen ich immer wieder herumkaue, ich entdecke meine Ideen und Pläne, die ich einmal geschmiedet und dann umgesetzt habe – oder auch nicht –, ich kann mich und mein Leben mit Abstand betrachten.

Schon in der Antike verfasste Heraklit ein Fragment mit dem Titel *„Ich durchforste mich selbst"*, Marc Aurel entwickelte als Methode der *Selbsterforschung* das Selbstgespräch, und der Kirchenvater Augustinus beschrieb im 4. Jahrhundert n. Chr. in seinen „Confessiones" seine Lebensentwicklung.[53] Und ob nun „Die Bekenntnisse" von Jean-Jacques Rousseau oder „Das Tagebuch der Anne Frank" – Lebensgeschichten sind und bleiben für mich spannend. Johann Wolfgang von Goethe, Franz Kafka, Virginia Woolf, André Gide oder Gustave Flaubert, John Lennon ... Sie alle haben Tagebuch geschrieben, ein Stück ihres Lebensweges letztlich uns anderen erzählt, damit wir lesen können und teilen können ...

Für mich hat das Tagebuchschreiben drei zeitliche Dimensionen – ich kann die Vergangenheit festhalten und schreiben, was gewesen ist. Ich kann aber auch das Jetzt erspüren und aus dem Aktuellen heraus schreiben: Wie geht es mir gerade? Bin ich zufrieden mit dem Leben, wie es ist? Bin ich gesund und fit? Wie fühlt sich mein Körper an? Braucht er etwas Bestimmtes? Mehr Ruhe? Mehr Yoga? Öfter mal schwimmen gehen?

Ich kann aber auch im Hinblick auf die Zukunft schreiben, Entwürfe, Träume, Visionen auf dem Papier entwickeln. Das Tagebuchschreiben hat mir geholfen, meine Wünsche zu erkennen und umzusetzen, den Lebensweg, soweit möglich, meinen Wünschen entsprechend zu gestalten.

Seit vielen Jahren halte ich immer wieder einmal inne und beantworte mir derartige Fragen. So entstand auch diese Reise, denn ich hatte mehrere (wie ich fand) verrückte Ideen auf meiner „Was-will-ich-noch-Liste", und es war mir relativ schnell klar, dass ich in fünfzehn oder zwanzig Jahren solche Unternehmungen vielleicht nicht mehr schaffen würde. So stand der Entschluss fest, jedes Jahr eine dieser verrückten Ideen umzusetzen, wenn ich sie nicht an meinem Lebensende ersatzlos wollte streichen müssen.

Seit ich auf Reisen Tagebuch schreibe, bin ich auch unterwegs achtsamer geworden, nehme vieles bewusster wahr, sowohl meine Umgebung als auch mich und die Dinge, die mir begegnen.

Stevensons Mutter hat von der Geburt ihres Sohnes an bis zu seinem 39. Lebensjahr Tagebuch geschrieben, und so können wir heute viele Dinge über seine Reisen, seine Krankheiten, über seinen Schreibprozess detailliert nachlesen. Schon als Kind griff er zu Stift und Papier. Vielleicht weil er viele Tage und Wochen im Krankenbett verbringen musste, vielleicht auch aus einem inneren Drang heraus, all die Geschichten in seinem Kopf in die Welt zu bringen. So schrieb er – sein Leben lang. Die Werkausgabe umfasst heute 26 Bände: Kurzgeschichten und Romane, Reisebeschreibungen und Briefe, Gedichte und Essays sowie Theaterstücke. Er schrieb in der Eisenbahn, im Bett, in fernen Ländern und im Hörsaal.

Während ich über Stevensons nicht immer einfachen Schreibweg nachgedacht habe, hat sich unser Wanderweg verändert und erfordert wieder meine volle Konzentration.

Der Abstieg nach Finiels ist steinig und steil, macht unserer Großen zu schaffen und lässt sie erneut „verrücktspielen". Ich bewundere Anette, wie sie mit all ihrer Kraft und einer schier endlosen Geduld versucht, Wapa diesen Hang sicher hinunter zu führen. Als der kleine Altier mit frischem Geplätscher unseren Weg kreuzt, machen wir Rast und ruhen uns ein wenig aus. Wir lauschen auf die Bachmelodie, die sich mit dem rhythmischen Rupfen der Esel mischt, und werfen einen Blick auf die Karte: Weit ist es nicht mehr hinunter nach Finiels, doch wie so oft wächst die Spannung: Klappt das mit dem Campingplatz, gibt es genügend Gras für die Esel, einen Zaun?

Aus dem Tal ziehen erneut Wolken herauf, die immer grauer werden – wir machen uns wieder auf den Weg. Bald kommt Finiels in Sicht: Die Dorfstraße windet sich in einer großen Kurve bergab, überall liegen die berühmten Graniteier auf den Wiesen. Dann die ersten Häuser, hier und da trocknet Wäsche, kleine Gemüsegärten sind zu sehen, winzige Friedhöfe direkt am jeweiligen Haus… und endlich ein Hinweisschild:

Camping La Barette. Gleich am Anfang des Grundstücks ein zweites Schild: *Salle de Camping*. Was ist das nun wieder? Ein Raum? Ein Saal auf dem Campingplatz? Kein Mensch ist zu sehen, nur eine Notiz an der Rezeptionstür: *Je viens ce soir!* Ich komme heute Abend. Unterschrift: Lucile P.

Wir lassen die Esel frei grasen, schauen uns auf dem weiten Gelände um und entdecken nach einer Weile das Tor zur Eselwiese, die hinter einem Fischteich und Hecken versteckt beginnt. Dann bauen wir das Zelt auf, denn die dicken Gewitterwolken hängen nun direkt über uns. Auf der Suche nach den Toiletten stoße ich auf eine Tür mit der Aufschrift: *Salle de Camping*. Die Tür lässt sich öffnen. Ich betrete einen großen Raum; es riecht nach kalter Holzfeuerasche. Ich atme tief ein – wie liebe ich diesen Geruch! Er löst bei mir ein starkes Gefühl von Zuhausesein, von Angekommensein aus. Ein halbes Dutzend Tische und Bänke steht hier, dazu gibt es alles, was das Herz einer Wanderin kurz vor einem Gewitter begehrt: einen Herd, eine Kaffeemaschine, Teller und Tassen, Pfannen und Töpfe, Dutzende Bücher über das Wandern und über Stevenson, zwei große Übersichtskarten an der Wand. Ich stecke meinen Kopf zur Tür hinaus.

„Anette! Komm! Schau dir das an!"

Gerade als wir unseren Proviantbeutel neben die Feuerstelle und das Notizbuch auf den Tisch legen, bricht das Gewitter los – entspannt grinsend schauen wir dem nassen Schauspiel zu. Was für ein Glück haben wir wieder einmal gehabt! Für unsere Esel gibt es genügend Bäume zum Unterstellen.

Wir putzen unser Gemüse, schnippeln, brutzeln und würzen, und bald schon zieht der Duft unserer Gemüsepfanne durch den Raum. Wir öffnen die Flasche Rotwein und stoßen an, schließlich habe ich heute Geburtstag!

Geburtstag – wie genial an diesem Ort! – Ich liebe diesen *Salle de Camping*, den riesigen Gemüsegarten vor dem Fenster, die Feuerstelle. Schließlich taucht auch Lucile auf, wir können bei ihr bezahlen, und sie fragt uns, wie es uns hier gefällt – ja, sie hat es wirklich schön gemacht für die Wanderer, das muss man ihr lassen. Und noch ein Wunsch, den wir mit Carmen Rohrbach teilen, geht heute in Erfüllung: „Schön wäre es auch, mit jemandem zu fachsimpeln, der sich mit Eseln auskennt."[54]

ERKENNTNIS DES TAGES

Das ganze Leben ist ein Fernwanderweg, und es ist gut, bei wildem Wetter ein Dach über dem Kopf zu haben.

Ein Ehepaar mit Tochter erscheint und nutzt den Raum gemeinsam mit uns. Es stellt sich heraus, dass sie aus unserer Nachbarstadt kommen (ja, die Welt ist immer noch klein), eine Woche mit einem Esel unterwegs waren, und so tauschen wir uns endlich einmal ausführlich aus: über das Eselwandern, über Futtermengen und Wandertempo, über die Eigenheiten der Esel und der Menschen.

Bei einem Glas Rotwein lassen wir unsere Reise und den vergangenen Tag Revue passieren. Der Abstieg war heute für die Große wieder einmal sehr anstrengend, auch die Kleine ist müde. Unterwegs hatten wir bereits entschieden, in Florac unsere Reise entspannt ausklingen zu lassen. Nun aber fragen wir uns angesichts unserer Eseldamen, ob wir wirklich noch bis Florac laufen oder auf eine weitere, steile und steinige Etappe verzichten sollen? Wir überlegen hin und her. Schließlich entscheiden wir uns dafür, Marie-Ange zu fragen, ob sie die Esel schon übermorgen in Le Pont-de-Montvert abholen kann, und, wenn möglich, dann die Etappe nach Florac zu streichen. So könnten wir uns noch ZWEI Tage gönnen und den Süden in Florac genießen. Ob Marie-Ange Zeit hat für unsere veränderten Pläne? Doch es ist schon zu spät, um sie noch anzurufen ...

„Liebe Karin,

Weitwandern macht ganz schön müde, aber auch richtig viel Spaß. Jeden Tag habe ich eine neue Weide, neue Kräuter im Maul, neue Gerüche in der Nase – es wird nie langweilig. Und das ist gut so, ich mag Langeweile nicht. Hauptsache, ich habe immer eine Eselfreundin an der Seite. Wenn ich jetzt hier alleine im Regen unter den Bäumen stehen müsste, das wäre schrecklich für mich ... Aber so ist die Welt in Ordnung."

„Liebe Coquelicot,

ich merke, dass wir uns sehr ähnlich sind – auch ich mag keine Langeweile, liebe neue Orte, neue Gerüche, vor allem neue Rezepte, und wenn ich das dann noch mit jemandem teilen kann, ist das wunderbar!"

Vorübergehend sesshaft

Finiels – Rieumal – Le Pont-de-Montvert

9. September, Finiels, gefühlte fünf Grad

Die Nacht ist vollmondhell und still, ab und zu bläst eine Böe trockenes Laub von den Bäumen, erste gelbe Blätter künden den Herbst an.

Da wir nur lockere fünf Kilometer ins Tal hinunter nach Le Pont-de-Montvert vor uns haben, wollen wir den Tag gemütlich angehen lassen und schlafen eine halbe Stunde länger. Eine gute Entscheidung, denn als ich zum Zelt hinausschaue, ist der morgendliche Nebel dabei, sich zu verziehen, und ein strahlendblauer Himmel begrüßt mich. Ich springe unter die Dusche und habe das erste Mal auf unserer Wanderung das Gefühl: Hier oben könnte ich bleiben, sesshaft werden, schreiben und lesen, Gemüse anbauen.

Goethes Faust fällt mir ein: „Zwei Seelen wohnen, ach! in meiner Brust ..." Ja, schon immer habe ich das Gefühl, dass beides in mir steckt: das Nomadisieren und das Sesshaftsein. Wie gerne bin ich auf Reisen, tauche ein in neue Gegenden, lerne neue Menschen, Bräuche und Rezepte kennen. Wie gerne habe ich den Wind in den Haaren, salzige Luft in der Nase, einen neuen Geschmack auf der Zunge. Aber genauso gerne bin ich sesshaft, liebe die Gemütlichkeit zu Hause, das Feuer im Kamin, den kleinen Garten vor der Tür.

Ich sitze in der *Salle de Camping*, der Kaffee dampft und mischt seinen Duft mit dem zarten Rauch der kalten Feuerstelle. Vor dem Fenster liegt der Gemüsegarten von Lucile – voll, üppig: Lauch und

Kartoffeln, Zwiebel und Sellerie, Himbeerstauden, Buschbohnen, Tomaten, Lollo Rosso, Rote Rüben, Ringelblumen.

Thoreau schreibt: „Im Sommer las ich nicht, ich hackte meine Bohnen.“[55] Ja, das würde ich auch machen, wenn ich hier lebte – zunächst Gemüse anbauen, statt lesen und schreiben –, und dann, wenn es wächst und gedeiht, mich mitten in meinen Gemüsegarten setzen und dort lesen und schreiben, die Fülle um mich herum genießen und die Vorfreude auf das Ernten. So wie als Kind in Großmutters Garten, als ich die Möhren aus dem Boden ziehen und nach einem kleinen Wasserbad vernaschen durfte. Was habe ich nicht alles in Kindertagen gelernt, an denen ich meine Oma in ihren Garten begleitete. Noch heute habe ich den Geschmack einer wirklichen Tomate auf der Zunge, noch heute fühle ich den Matsch zwischen den Zehen, wenn ich aus Erde und Wasser einen Brei mischte, noch heute ...

Vielleicht erleben wir auch gerade im Unterwegssein wieder den Wert der Sesshaftigkeit. Hermann Hesse beschreibt in seinen „Wanderungen“ die Sehnsucht, die er beim Wandern verspürte, die Sehnsucht nach einem Ort der Gemütlichkeit, mit Büchern und Gartenbank, mit gutem Bett und feiner Küche. Auch Stevenson, der die Sommer zum Reisen und die Winter zum Schreiben nutzte, wurde am Ende seines Lebens doch noch (ein bisschen) sesshaft: Er legte auf der Südsee-Insel Samoa, deren Klima ihm ausgesprochen gut bekam, einen Garten an und züchtete Schafe.

Es ist interessant, wie gut sich hier Parallelen zum eigenen Leben ziehen lassen, denn auch im Leben lege ich einen „Garten“ an: Ich säe und ernte, ich pflanze Dinge, wie zum Beispiel eine Ausbildung oder ein Studium, den Umzug in eine andere Stadt mit einem neuen Arbeitsplatz ... und dann kann ich ernten, wenn ich die Dinge gut gepflegt habe.

Ja, wie will ich leben? Was will ich säen, damit es in meinem Leben wächst? Ein Haus, einen Garten, Frieden und Freundschaften oder noch ganz andere Dinge? Thich Nhat Hanh fällt mir ein mit seinem Buch, das den wunderbaren Titel trägt: „Ich pflanze ein Lächeln.“

Still ist es hier. Anette steht unter der Dusche, die anderen fünf Gäste scheinen noch in ihren Zelten zu schlafen. Ich hänge meinen Gedanken nach und schreibe. Ich liebe diese frühen Morgenstunden mit einer Tasse Kaffee, mit Stift und Papier.

Häufig schreibe ich die „Morgenseiten", wie sie Julia Cameron in ihrem Buch „Der Weg des Künstlers im Beruf"[56] empfiehlt, und lasse meine Gedanken einfach unzensiert auf das Papier fließen – von Hand, drei Seiten lang. Es klärt meinen Kopf und macht mich frei für Neues. Oftmals fließen dabei Ideen aufs Papier, Lösungen für kleine oder große Probleme, auf die ich durch reines Nachdenken nicht gekommen wäre.

Als ich anfing, Morgenseiten zu schreiben, dachte ich: Wie soll ich morgens schon DREI Seiten füllen? Aber es gelang mir, und ich stellte rasch fest, wie schnell es geht und wie gut es mir tut. Natürlich entstehen dabei Texte, die nur für mich bestimmt sind, daher bewahre ich sie sorgfältig auf. Meist nutze ich dann irgendwann im Herbst einen verregneten Tag, um meine Morgenseiten zu lesen, zu schauen, was mich umgetrieben hat, welche Ideen ich hatte, welche ich umgesetzt habe und welche noch auf ihre Verwirklichung warten. Habe ich meine Morgenseiten durchgesehen, werden sie geschreddert; diese besondere Art der „Gehirnentleerung", wie es Julia Cameron nennt, will ich nicht der Nachwelt hinterlassen, sie sind für mich „Prozess", nicht „Produkt".

Nach dem Frühstück putzen wir unsere beiden Hübschen und während wir satteln, taucht die Familie von gestern auf.

„Oh, so schönes Sattelzeug hatten wir nicht für unsere Esel, unseres war nicht gepolstert, es hat gescheuert."

Sie bewundern unsere Langohren, die so viel gepflegter aussähen als die, die sie ausgeliehen hatten, obwohl ihr Vermieter Mitglied in der Stevenson-Association gewesen sei. Immer wieder erfahren wir

Dinge, über die wir uns wundern, obwohl – was wundert uns eigentlich noch in Bezug auf das Eselwandern?

Wir schlagen den Weg nach Le Pont-de-Montvert ein, bummeln an Brombeeren entlang, pflücken uns immer wieder eine Handvoll und schieben die prallen süßen Früchte in den Mund. Die Esel nutzen die Zeit, um sich ihrerseits ihren Delikatessen zu widmen: hier eine lila blühende Distel, dort ein paar zarte Himbeerblätterspitzen oder Ebereschenblätter.

Wir wandern durch eine ungewöhnliche Landschaft, geprägt von riesigen Graniteiern und verzaubert durch einzelne Nebelfetzen, die noch hier und da hängen, sich immer wieder verändern, den Blick auf ein Stück Landschaft freigeben oder es auch wieder verschwinden lassen. Ein Schauspiel aus Sonnenstrahlen und wechselnden Lichtverhältnissen: hier ein Stück Horizont, dort ein Steinadler, dazwischen immer wieder Nebelfetzen – magisch.

Der Weg heute ist ganz nach meinem Geschmack: Eingerahmt von alten Steinmauern und Hecken schlängelt er sich ins Tal hinab. Immer wieder müssen wir Weidegatter passieren. Weiter geht es im Schatten eines wunderschönen Hohlwegs – fast so eng, dass unsere Esel mit ihren Packtaschen kaum durchkommen. Geschickt bugsieren wir sie um die Felsen, und selbst Coquelicot hat inzwischen gelernt, wie breit sie mit ihrem Gepäck ist.

Wir sind begeistert von dem Blick auf die kleine Ortschaft mit ihren Steinhäusern: An den Mauern hängen Kürbisse, die Holunderbeeren leuchten, bunte Fensterläden lachen uns an, die Gemüsegärten sind prall gefüllt. Wir befinden uns auf der Südseite des Mont Lozère in einem Städtchen mit nicht einmal 300 Einwohnern, aber dafür mit drei Flüssen, zwei Cafés und einer herrlichen Badestelle, wo das kalte Wasser über sonnenwarme Felsen plätschert.

Auf dem Campingplatz angekommen, binden wir unsere Esel an, um uns mal eben rasch anzumelden. Aber daraus wird nichts. Wapa schreit ihr Iah über den gesamten Platz und zeigt damit allen, wie sehr sie sich langweilt. Auch uns dauert es zu lange, bis der Betreiber des Campingplatzes das Formular für 11,90 Euro ausgefüllt, umständlich den Schlüssel für die Kasse gesucht und gefunden und uns schließlich das Wechselgeld gegeben hat. Endlich können wir auf dem Zeltplatz abladen und die Esel zu ihrer Weide bringen. Sie hat etwas ganz Besonderes, denn sie gehört zur *Auberge de Cevennes*, in der schon Stevenson 1878 übernachtet hat, und sie liegt direkt auf dem Stevenson-Weg: Der Weg führt direkt über die Weide und hat am oberen und unteren Ende ein Gatter, das die Wanderer passieren müssen.

„Jetzt könnt ihr euch aber mit Streicheleinheiten verwöhnen lassen", sagt Anette und krault Wapa hinter den Ohren.

„Ja, das werden sie genießen. Schau, da kommen schon die ersten Wanderer!"

Natürlich bleiben sie stehen, schieben ihre Hände in die Mähne und zwischen die Ohren und liebkosen unsere beiden unwiderstehlich schönen Langohren.

Anette und ich schlendern durchs Dorf zurück Richtung Camping-platz, das Flussbett funkelt uns entgegen, ein mildes Lüftchen umweht uns mit dem Hauch des Südens: Auf den Felsen im Fluss sonnen sich ein paar junge Leute nach einem erfrischenden Bad, in den Straßen-cafés sitzen die Menschen unter den Sonnenschirmen bei Pizza und Salat. Zwei junge Frauen genießen ein Glas Rotwein und legen ihre Flip-Flop-Füße auf die Ufermauer.

Ist es nicht das, was uns Nordmenschen jeden Sommer in den Süden zieht – dieses Freisein ohne Termine und Zeitdruck, ohne Schlips und Kragen?

Zunächst müssen wir aber zügig unser Zelt aufschlagen, denn schwarz und schwärzer ziehen plötzlich dicke Gewitterwolken herauf. Wieder einmal haben wir riesiges Glück: Während die Waschma-schine läuft und wir unter der Dusche stehen, trommelt das Gewitter über uns auf das Blechdach. Als wir die Hähne zudrehen und das Programm der Waschmaschine beendet ist, ist auch das Unwetter davongezogen. Perfektes Timing! Wir hängen unsere Wäsche in den inzwischen wieder strahlenden Sonnenschein. Mittlerweile hat auch Marie-Ange zurückgerufen: Ihr Freund, Victore, könne Wapa und Coquelicot abholen, wir sollten an die obere Kirche kommen, es sei alles geklärt. So buche ich uns ein Zimmer für den nächsten Tag in Florac und bin fasziniert, mit welcher Selbstverständlichkeit ich mitt-lerweile auf Französisch telefoniere.

Im Abendsonnenschein gehen wir ins Städtchen, entdecken eine traumhafte Badebucht, schauen zu, wie die Flüsse Rieumalet und Martinet in den Tarn plätschern, kaufen Muscadet-Trauben und eine Flasche Rotwein für den Abend, um das Ende unserer Eseltour zu fei-ern und zu betrauern … eine seltsam gemischte Stimmung erfasst uns.

Ja, nach150 Kilometern zu Fuß sind wir im Süden angekommen – endlich genießen wir T-Shirt statt Pulli, Sandalen statt schwerer Wanderschuhe, finden Zeit, im Straßencafé zu sitzen und dem Tarn beim Fließen zuzuschauen. Leichtigkeit macht sich breit, gemischt mit einer Prise Dolcefarniente.

Wir hatten wirklich eine Menge Glück auf dieser Reise. Zum einen mit dem Wetter: Während der gesamte Sommer bei uns und auch in Frankreich einfach nur regennass und unangenehm war, herrschte in den Cevennen, bis auf den ersten Tag, herrliches Wanderwetter. Die drei Gewitter, die über uns hinwegzogen, haben nur einmal die Wäsche erwischt – und sie ein zweites Mal gewaschen. Wir selbst hatten jedes Mal einen trockenen Unterschlupf. Natürlich könnte ich mich über die verregnete Wäsche ärgern oder darüber, dass das Wetter am Mont Lozère nicht so gut war und wir das Mittelmeer nicht sehen konnten. Sicherlich wäre von dort oben die Aussicht grandios gewesen. Doch wie lautet Stevensons erste Regel: *Décide à être heureux*. ENTSCHEIDE dich, glücklich zu sein.

Ja, es ist auch eine Frage der Entscheidung, des Blickwinkels. Allein die Tatsache, dass ich mir zwei Wochen Zeit nehmen konnte, um eine solche Wanderung zu unternehmen, mit einem Menschen an der Seite, mit dem ich mich gut verstehe, die Kraft und Ausdauer zu haben, die gute Ausrüstung – das alles war nicht selbstverständlich. Nicht, wenn man schon ein halbes Jahrhundert auf diesem Erdball herumläuft, schon vieles gesehen, gehört und erlebt hat, nicht, wenn man schon Krankheiten und Unfälle hinter sich hat und der Körper nicht mehr zwanzig und knackig-gesund ist. Wieder denke ich an Stevenson: *Et ne crois pas que tu dois être protégé des malheurs qui frappent les autres.* Und glaube nicht, dass du geschützt wärst vor dem Unglück, das andere trifft.

ERKENNTNIS DES TAGES

Gönne dir immer wieder den Herzschlag des Südens – lade wenigstens eine der neun Musen ab und zu ein und lasse dich küssen.

Ja, uns ist auf der ganzen Reise nichts passiert, kein Fuß verstaucht, kein Esel entlaufen – außer einer verlorenen Sonnenbrille, einem verlorenen Kameradeckel und einem benötigten Heftpflaster für eine kleine Schnittwunde sind wir wunderbar heil hier angekommen.

Ganz besonderes Glück hatten Coquelicot und ich in Landos, als sie vor Schreck mit ihrem Hinterteil auf der Straße gelandet ist.

Beim Bummel durch das Städtchen schaue ich in ein Giebelfenster hinein: Eine Frau steht an einer Staffelei und malt – Muse und Muße – herrlich! Auch wir atmen aus, entspannen, versuchen, noch nicht an den Abschied von unseren Langohren zu denken, und schlendern zurück zum Zeltplatz.

Das Rauschen des Tarn neben unserem Zelt begleitet uns in den Schlaf. Doch die Romantik hat die Rechnung ohne unsere neuen Nachbarn gemacht. Seit gefühlt zwei Stunden bauen sie ihr Zelt auf. Es ist nagelneu, und es scheint so, als sei es das erste Mal in ihrem Leben, dass sie ein Zelt aufbauen. Doch es kommt noch schlimmer. Gegen halb elf blasen sie ihre Luftmatratze mit einem Kompressor auf! Insgesamt vier Mal werfen sie den Kompressor an, reißen damit sämtliche Zeltnachbarn aus dem Schlaf und übertönen das Geplätscher des Tarn – wie unfähig und auch rücksichtslos kann man eigentlich sein?

„Liebe Karin,

auch wenn ich gerne laufe, so heißt es für mich nicht: ‚Der Weg ist das Ziel‘, sondern ‚Die Wiese ist das Ziel‘. Und damit es mir richtig gut geht, sollte sie schöne Disteln haben, hier und da einen Baum, dessen Blätter mir schmecken, eine Wasserstelle, an der ich trockenen Hufes saufen kann, etwas Salz und natürlich einen schönen Sandplatz zum Wälzen. Dazu brauche ich andere Esel – ich mag nicht allein sein. Auch Menschen, die vorbeikommen, mich streicheln und bewundern, tun meiner Eselseele gut – so wie heute, als der Stevenson-Weg mitten durch unsere Wiese führte und all die Wanderer uns das Fell kraulten. Das ist mein Glück. Wie sieht deins aus?"

„Liebe Coquelicot,

das ist gar nicht so leicht zu beantworten. Natürlich bin ich froh, wenn ich zu essen und zu trinken und einen lieben Menschen an der Seite habe, aber ich glaube, das reicht mir noch nicht, um von Glücklichsein zu sprechen. Ich werde darüber nachdenken und dir schreiben ... unsere Reise ist ja noch nicht zu Ende."

Beim Schreiben können wir loslassen und uns gleichzeitig daran erinnern, was uns glücklich macht. Was macht dich glücklich?

_____

_____

_____

_____

_____

_____

_____

_____

_____

_____

Abschied von den Langohren

Le Pont-de-Montvert – Florac

10. September, Le Pont-de-Montvert, wunderbar warm

Wir laufen durch den Ort Richtung „Stevenson-Weide", kaufen zuvor noch ein paar Schokoladen-Croissants und werden von unseren Eseldamen freudig begrüßt. Für jede haben wir einen Apfel dabei. Mit einem Happs beißen sie die erste Hälfte ab und verschlingen noch vor dem nächsten Wimpernschlag die zweite.

Wir führen sie zum Zeltplatz und bepacken sie so, dass wir nachher unser Gepäck wieder selbst tragen können: Die Große bekommt unsere beiden Flugtaschen aufgeladen, die Kleine trägt die Packtaschen und das Eselzubehör, das wir unserer Vermieterin zurückgeben werden, sowie das Zelt. Zu viert ziehen wir durchs Städtchen zum oberen Parkplatz an der Kirche, wo wir mit Victore verabredet sind.

Es ist Markttag, und während die Esel versuchen, ihre Nase in den einen oder anderen Stand zu stecken, kommt uns Marie-Anges hochgewachsener Freund schon entgegen. Wir erkennen ihn erst im letzten Moment, hatten wir ihn doch am Anfang unserer Reise nur kurz gesehen. Victore aber sieht uns mit den Eseln natürlich sofort und begrüßt uns herzlich mit seinen riesigen Pranken. Die Esel bleiben erschrocken stehen – wie, es geht wieder nach Hause? Wir wollen doch noch laufen! Als sie dann oben an der Straße den Hänger sehen, sind sie ein zweites Mal entsetzt – beide äpfeln nervös auf die Straße, haben von jetzt auf gleich fast Durchfall.

„Die bekomm' ich jetzt nicht in den Hänger", sagt Victore. „Ist jedes Mal das Gleiche. Sie lieben das Laufen, das Unterwegssein, und zurück auf die Weide wollen sie überhaupt nicht. Vielleicht probiert ihr mal euer Glück!"

Victore schaut uns hoffnungsvoll an. So nimmt Anette Wapa am Halfter, führt sie zum Hänger und richtig, brav steigt die Eselin ein. So ist es ein Leichtes, auch Coquelicot zu verladen.

Wir werfen unsere Taschen ins Auto, nehmen Abschied vom Unterwegssein *per pedes,* fahren seit Langem wieder auf vier Rädern und betrachten die vorbeiziehende Landschaft durch die Glasscheiben. Wir unterhalten uns mit Victore über Gott und die Welt – ja, wirklich: über Saint-Martin und die französische Politik, über die Camargue und die Mongolei, über Berlin und den Bodensee – Victore gehört zu den wenigen Franzosen, die wir kennen, die fließend Englisch sprechen, was das Spektrum der Unterhaltung gleich vergrößert.

Dennoch sind Anette und ich nicht ganz bei der Sache, denn Victore hat einen ziemlich „sportlichen" Fahrstil. Plötzlich hören wir einen lauten Knall – ein Reifen scheint geplatzt zu sein –, doch Victore fährt völlig entspannt weiter. Als wir ihn darauf ansprechen, sagt er nur, ja, das passiere bei den alten Reifen des Hängers öfter, aber er habe ja auf jeder Seite Zwillingsreifen, und da sei das nicht so schlimm, wenn einer ausfalle. Nun gut. Wir hoffen, dass die großen Hände, die den Wagen durch die endlosen Kurven lenken, die Dinge tatsächlich im Griff haben.

Und dann sind wir in Florac, und es heißt endgültig Abschied nehmen von unseren Eseldamen, die uns über so viele Kilometer und Höhenmeter begleitet haben, die unser Gepäck getragen und uns jeden Morgen herzlich schnuppernd begrüßt haben. Wir stecken unsere Köpfe in den Hänger: ein letztes Mal einen Apfel füttern, ein letztes Mal Ohren kraulen, ein letztes Mal die Mähne wuscheln. Den Kloß im Hals hinunterschlucken und die Tränen wegdrücken. Zum Glück stehen wir mitten auf der Straße im Halteverbot. So fällt der Abschied kurz, wenn auch nicht schmerzlos aus. Zeit, um ausgiebig zu winken, bleibt ebenfalls nicht, denn schon hat Victore gewendet und ist in der nächsten Gasse samt Hänger verschwunden.

Wir schleppen unsere Taschen zum Hotel in der Rue Esplanade und beziehen unser Zimmer. Ein Raum mit Fenster, Wänden und Zimmerdecke – ohne das Rauschen eines Tarn, eines Allier oder einer Loire – wie wir wohl heute Nacht schlafen werden?

Wenig später sitzen wir im Schatten einer Platane an der Allee, die schon Stevenson 1878 beschrieben hat, gönnen uns eine Tasse Kaffee, genießen die Wärme, faul und südländisch und irgendwie in einem ungewohnten Zustand. Noch schwingen die letzten Tage nach, die Stille, die Anstrengung, noch sind wir nicht in Florac, noch sind wir mit Kopf und Herz auf einem der alten Pfade dort draußen *in the middle of nowhere*. Zwischenland für die Nomadenseele, die noch nicht an Montag und an Büro und Schreibtisch denken mag – die sich freut, ein paar Tage ihren „südlichen" Teil baumeln zu lassen. Um den Übergang zu meistern, beschließe ich, einen meiner „Schreib-spaziergänge", wie ich sie zu Hause am Bodensee nenne, durch Florac zu machen. Ich stelle mir den Vergleich spannend vor, nun wieder ohne Esel schreibend unterwegs zu sein. Zudem bin ich sogar von meinem kleinen Wanderrucksack befreit, denn Anette bestellt sich einen weiteren Kaffee; sie will solange im Schatten der Bäume ihre Fotos sortieren.

Ich laufe die Rue Esplanade entlang. Träge Siesta-Stimmung hat sich breitgemacht und das morgendliche Kleinstadtgewusel wie von Zauberhand stillgelegt – die Läden sind geschlossen, die Café-Stühle leer, hier und da gurrt eine Taube. Das Laub der Platanen knistert unter meinen Schuhen, trotz Sonnenwärme ist der Herbst schon zu spüren. Ich biege unter einem Torbogen in die Rue Neuve ein und bleibe vor einer Tafel stehen: Léon Boyer, né le 23 février 1851 à Florac (Lozère) et mort en 1886 à Panamá, est un ingénieur français, instigateur du viaduc de Garabit et directeur général du canal de Panama. – So lerne ich auf meinen Schreibspa-ziergängen immer wieder Neues: Im kleinen Florac wurde ein Mensch gebo-ren, Léon Boyer, der wesentlich am Bau des Panamakanals beteiligt war.

Ich laufe die Rue Neuve und die Rue de Marronier entlang, bewundere in den kleinen Gassen riesige alte Zedern und denke mir, dass die Bäume und Häuser schon Jahrhunderte, ja ganze Epochen gesehen haben. Sie haben Geschichten und Zeiträume erlebt, die wir nur mit Mühe überblicken und ein Gefühl dafür ent-wickeln können, eine leise Ahnung. Geschichtszahlen haben mich

ERKENNTNIS DES TAGES

Wenn du gedacht hast, dass du heute Nacht das Rauschen eines Flusses vermissen wirst, hast du die Rechnung ohne die Abzugshaube der Küche unter deinem Schlafzimmer gemacht. Laissez-vous surprendre, lassen Sie sich überraschen – auch noch am Ende der Reise!

nur selten interessiert – meine Neugierde gilt den Menschen. Wie war das hier vor hundert, zweihundert oder gar vierhundert Jahren – wie lebten die Menschen? Was haben sie gefühlt und gedacht? Haben sie gehungert, geschuftet? Bestimmt haben sie auch geliebt und getanzt. Wie gut ist es, dass es Menschen wie Stevenson gibt, die ein Stückchen Zeit, einen Ausschnitt aus dem großen Ganzen festgehalten haben: „An einem Seitenarm des Tarn liegt Florac (…) mit einem alten Schloß, einer Platanenallee, vielen malerischen Straßenecken und einer ergiebigen, aus dem Berg hervorsprudelnden Quelle."[57] So bleibt wohl manches über die Zeit hinweg bestehen – die Flüsse, die Hügel und Berge, aber auch das Schloss aus dem 17. Jahrhundert, die Platanenallee, die Quelle, die noch immer das Stadtbild von Florac prägt und belebt.

Ohne Eseldame, merke ich, kann ich meinen Gedanken besser nachhängen – muss nicht schauen, dass Coquelicot keine Blumentöpfe erobert, ihr Hinterteil auf die Straße schiebt oder mit den Packtaschen ein Auto verkratzt.

Ich laufe weiter und entdecke das L'Atelier du Miel et de la Châtaigne, die Honig- und Kastanienwerkstatt. Schaufensterbummel mit Esel, das wäre unmöglich, geht es mir durch den Kopf. Heute aber kann ich stehen bleiben und all die Kastanienkuchen und Honigtöpfe der Region bestaunen. Die netten Tütchen mit den Cookies à la Châtaigne und den Amuse gueule Cévenole lassen mir das Wasser im Mund zusammenlaufen. Leider liegt auch dieser Laden in tiefer Mittagsruhe.

Ich gehe weiter und bin fasziniert von den Zeichen der Zeit, den alten Fensterläden, hier ein Zunftzeichen der Schneider, dort ein schmiedeeiserner Türklopfer. Ich komme an den Fluss und biege rechts ein. Dieses Wasser mitten in der kleinen Stadt bringt herrlich viel Frische und Lebendigkeit. In einer Seitengasse, der Rue Vivier, entdecke ich ein Glasatelier, bleibe immer wieder stehen, notiere und beobachte, finde schließlich auf der alten Steinbrücke einen Platz zum Sitzen und Schreiben und lausche eine ganze Weile auf das Wasser, das sich über die kleine, unregelmäßige Staumauer als Wasserfall

hinabstürzt. Die moosbewachsenen Steine teilen den Wasserlauf. So mischt sich das Rauschen des großen „Wasserfalls" mit dem Geplätscher und Geriesel des kleinen … ein Wasserfall-Duett. Wie schön!

Meine Gedanken springen ein Jahr zurück. In jenem Spätsommer war ich mit dem Liebsten am Tarn, wir wanderten ein Stück flussabwärts. Wie gut hatte es uns gefallen, wie er sich mit seinem klaren Wasser durch die grüne Landschaft schlängelt. Ich erinnere mich noch, dass Stevensons Beschreibung in mir eine Sehnsucht nach Frische und reiner Natur zum Klingen brachte: „Am Morgen sah das Tal noch schöner aus, und bald senkte sich die Straße auf das Flußniveau hinab. Hier (…) machte ich meine Morgentoilette in den Wassern des Tarn. Es war wunderbar klar und schauderhaft kalt. Die Seifenflocken verschwanden wie von Zauberhand in der schnellen Strömung…"[58]

Ich stehe auf und mache mich auf den Rückweg. Eine junge Frau radelt an mir vorbei, eine andere sitzt in einem Hauseingang und telefoniert leise, zwei Touristen machen Fotos. Im Schatten der *Eglise Réformée de France* haben sich ein paar junge Leute zwischen ihren Rucksäcken niedergelassen und beißen herzhaft in ihre Brote. Mein Blick schweift zwischen den Platanen hindurch.

Anette sitzt noch an unserem Tisch, vertieft in Schreiben und Fotos. Wir haben Lust, noch ein wenig gemeinsam durchs Städtchen zu bummeln. So blättern wir uns durch die Prospekte der Infostelle des Cevennen-Nationalparks und besuchen die *Cooperation ferme – avec des produits bien,* eine bäuerliche Kooperation für „gute" Produkte. Ich kaufe getrocknete Steinpilze, ein Kilo Kastanienmehl, das ich so liebe, ein Kilo Maronen und einen feinen Honig der Gegend. Ich lasse mich treiben, zeige Anette meine Lieblingstöpferei, die ich bereits im vergangenen Jahr entdeckt hatte. Gemeinsam genießen wir das Künstlerische der ausgestellten Stücke – einfach genial, ich könnte den halben Laden kaufen! –, ein Gefühl, das ich selten habe. Ein Teeservice, eine Obstschale, ein paar *Boules* begeistern mich, aber wir reisen mit dem Flugzeug und haben das schwere Eselgepäck. Da fällt die Entscheidung dann doch leicht: Ich kaufe nichts.

Das Leben erscheint mit einem Mal so einfach, ohne einen großen Vierbeiner an der Seite, und dennoch – sie fehlen uns, die beiden. Ob es ihnen langweilig ist? Ob es ihnen gut geht?

„*Liebe Karin,*

langweilig? Wo denkst du hin? Nachdem ich meine Freunde begrüßt hatte, bin ich erst einmal unter dem Zaun hindurch geschlüpft zu unserem Nachbarn. Da hatte ich tatsächlich ein paar Disteln entdeckt – die musste ich mir gleich holen. Ich mache es wohl wie du – ich verlängere die Reise ein wenig. Während du ein paar Dinge kaufst, die du zu Hause genießen kannst, versuche ich einfach, meine neuen Erfahrungen weiter zu nutzen. Außerdem gibt es prima Neuigkeiten: Wir bekommen für den Winter einen offenen Stall. Du weißt doch, ich hasse nasse Hufe, und wenn es hier schneit, ist es immer widerlich feucht."

Fülle des Lebens

Florac

11. September, Florac, 20 Grad

Unser Zimmer liegt über dem Restaurant: Die Abzugshaube rauscht, Geschirr klappert und scheppert, Türen schlagen. Die Abzugshaube rauscht, Gläser klirren. Die Abzugshaube rauscht noch immer... Erst nach Mitternacht wird es endlich still. Obwohl wir bei offenem Fenster mitten im Zentrum der Stadt schlafen, ist es einfach nur still. Die ganze Nacht. Erst gegen Morgen klappert ein LKW heran, lädt etwas ab, rattert weiter. Dann zwei Männerstimmen. Noch einmal Stille, schließlich mischt sich Kaffeeduft in meine Träume. Langsam werde ich wach. Neue Stimmen dringen herauf, erste Autos fahren unter den Platanen... Heute ist Markttag in Florac! Neugierig springen wir aus dem Bett.

Wir gönnen uns einen Café au Lait nebenan und kaufen beim Bäcker *Sacristains* (Mandel-Blätterstangen), Schokocroissants und Rosinenbrötchen, setzen uns neben der Église Saint Martin auf eine Bank, genießen unsere Leckereien und lassen uns die Sonne auf den Rücken scheinen. Schließlich bummeln wir den kleinen Sentier au Source de Pêcher hinauf zur Karstquelle. Hier sprudeln, je nach Wetterlage beziehungsweise Regenmenge, 1250 bis 7000 Liter Wasser pro Sekunde (!) aus dem Berg[59] und rauschen und plätschern durch die kleine Stadt.

Quelle, denke ich, wieder so eine Parallele auf unserer Wanderung: Was ist eigentlich die Quelle unserer Ideen, unserer Motivation, unserer Schreiblust? Woraus schöpfen wir in unserem (Berufs)Leben? Ich notiere mir ein paar spontane Fragen:

- Wer oder was inspiriert mich?
- Wo finde ich meine Schreibideen?
- Gönne ich mir regelmäßig einen „Künstlertag", so wie ihn Julia Cameron in ihrem Buch „Von der Kunst des Schreibens"[60] empfiehlt?
- Was tue ich sonst, um meine Schreibkraft zu erhalten?
- Wie pflege ich meine Innere Schreiberin/meine Innere Künstlerin – meine Kreativität insgesamt?

Meine Schreibkraft lebt, so verrückt es klingt, vom Schreiben – vom Schreiben der Morgenseiten in aller Frühe, vom Schreiben im Café, vom Notieren und Formulieren, vom Sammeln, vom Unterwegssein mit Stift und Block. Ich schreibe draußen besser als drinnen, frischer, leichter, ganzheitlicher (weniger Kopfgeburt – mehr Leben).

Hier sitze ich nun in Florac, lausche dem hiesigen Dialekt, der meinen Französischlehrer auf die Palme gebracht hätte, doch ich finde ihn faszinierend, er gefällt mir (nicht der Französischlehrer, nein, der Dialekt). Er hat bereits etwas Südlich-Spanisches. Diese Dialekte, die fremden Gerüche einer so ganz anderen Küche in der Nase, sie regen mich an. Alexandre Dumas, französischer Schriftsteller (1802 – 1870), schreibt in seinem „Wörterbuch der Kochkünste": „Wenn man in Frankreich nach Süden reist und kurz hinter Valence nach Moras kommt, dann erlebt man, daß ein neuer Geschmack beim Essen hinzukommt, der Geschmack des Knoblauchs."[61]

Was für ein Glück (eines der vielen auf unserer Reise), dass ausgerechnet heute Markttag ist. Ich schnuppere mich durch die vielen Käsesorten, hier ein *Tomme de Brebis,* dort ein *Tomme de Chèvre d'Ardèche*, kaufe ein Stück Wildschweinschinken und entdecke eine *Galette d'Ortie* – einen Pfannkuchen. Ich habe keine Ahnung, was *Ortie* für eine Zutat in diesem Pfannkuchen sein könnte, daher frage ich den netten Kerl mit den zwei Ringen im Ohr, der hinter der großen Bratpfanne steht. Er schaut mich mit seinen lustigen Augen an: *„Allemande?"* Deutsche?

Während ich noch nicke, springt er drei Marktstände weiter und kommt mit einem Wort zurück: „Brenn-Essel!"

„Ahhh! Brenn-Nessel. *Merci beaucoup*!"

Wir bestellen gleich zwei Pfannkuchen, und ich erzähle ihm von meiner Frühlings-Brennnesselsuppe.

Wir sind fasziniert von den Menschen hier. Extravagant gekleidet sind sie, weniger im Sinne von teuer, vielmehr im Sinne von außergewöhnlich, individuell, authentisch: die Haare wild, die Ohrringe bizarr, die Hosen grün-orange gestreift. Die Leute bieten den Ein-

druck eines großen Schaustellertreffens, und dennoch ist es der ganz normale Alltag in Florac, einem Städtchen, in dessen Umfeld sich viele „Alternative" niedergelassen haben, Gemüse anbauen, Schafe und Ziegen halten und sich hier treffen. So gibt es neben dem Bioladen auch das bereits erwähnte Ladengeschäft, eine *Coopérative*, in der die Biobauern des Umlandes gemeinsam ihre Produkte vertreiben. Und der Markt bietet eine große Auswahl an biologischen Produkten – neben der eben erwähnten Galette d'Ortie jeweils ein Dutzend Sorten Ziegen- und Schafskäse oder Wurst mit Kräutern der Provence.

Alle sind freundschaftlich-locker, hier ein *Bonjour,* dort ein Lächeln, hier ein Gespräch, dort eine helfende Hand – ein Wohlfühlstädtchen, aktiv-pulsierend, in einem angenehmen Herzschlag, der den Rhythmus der Stadt prägt. Ich bleibe stehen, schnuppere, schaue und lausche auf das Rauschen der Quelle.

Mittagszeit. Wieder einmal sitzen wir schreibend im Café. Nachdem ich die junge Kellnerin schon zweimal gebeten habe, die Wasserkaraffe erneut zu füllen, bringt sie beim dritten Mal eine doppelt so große und stellt sie mit einem breiten Lächeln auf den Tisch. Das liebe ich: Diese freundlichen, gelassenen Menschen, die ihren Job gerne machen, so wie der Wurst- und Schinkenverkäufer auf dem Markt, der allen erst einmal ein Scheibchen zum Probieren in die Hand drückte und seine Würste aufgeschnitten verschenkte. Die Hausfrauen kaufen gerne bei ihm, die Scheine wechseln den Besitzer, die Touristen sind begeistert, das Geschäft läuft – beide Seiten strahlen zufrieden.

Ich mag und brauche die Weite, einen See zum Beispiel, den offenen Horizont – aber ebenso die Weite eines gastfreundschaftlichen Herzens, Menschen, die bereit sind, sich kennenlernen zu lassen, die von sich erzählen, von ihrem Leben, denen ich nicht buchstäblich jeden Satz aus der Nase ziehen muss. Menschen, die ich auch einladen darf, bekochen und bewirten kann.

Auch Stevenson hat in Florac Menschen getroffen, die offen waren, die extra eine Landkarte holten, sie zwischen „Kaffeetassen und

Schnapsgläsern"[62] ausbreiteten, nur um ihm bei der weiteren Reiseplanung behilflich zu sein.

Mitten zwischen Café au Lait und ungewohntem Straßenlärm fällt zwischen Anette und mir der Satz: Eigentlich könnten wir noch einmal losziehen mit den Eseln, jetzt, wo wir Erfahrung haben, wissen, worauf es ankommt, worauf wir uns einlassen, vielleicht durch die Provence, durch die Camargue, einem alten Maultierpfad folgen, dem *Sentier de Rogadane*, oder dem ...

Mein Blick fällt auf die Felswand, die hinter Florac 500 Meter steil hinaufreicht bis zur Hochebene des Causse Méjean. Fernweh macht sich schon wieder breit. Ja, warum nicht?

Wir blicken zurück auf unsere Reise: Was war gut? Was hätten wir anders machen, besser planen sollen? Und schon sind wir mittendrin in der Planung einer neuen Reise: Wann wollen wir wieder losziehen? Wohin soll es dann gehen? Wir wollen uns auf Länder beschränken, deren Sprache wir (halbwegs) beherrschen – wir wollen reden, verstehen, kommunizieren.

ERKENNTNIS DES TAGES

Weder Fernsehen noch Internet, weder Smartphone noch iPod hätten Körper, Geist und Seele so genährt wie diese Reise.

Die Lösung für das Zaunproblem ist in Sicht, denn der Liebste zu Hause hat bereits ein mobiles Set für Wanderreiter im Internet ausfindig gemacht. Dann wollen und müssen wir noch mehr über Esel lernen: Wie viel müssen sie eigentlich fressen, wie oft sollten sie bei einer mehrtägigen Wanderung Pause machen, welche Medikamente sollten wir für die Tiere vorsehen? All diese Fragen wird uns sicherlich zu Hause unser „Eselwandermeister" beantworten können. Er ist ohnehin neugierig auf unseren Bericht, und so machen wir gleich einen Termin für ein Treffen mit ihm aus. Ich würde natürlich wieder gerne irgendwo wandern, wo ich eine Verbindung zur Literatur, zu Schriftstellern oder auch Malern und Künstlern herstellen kann – recherchieren ist also angesagt. Auch wollen wir beim nächsten Mal das langsame Wandertempo besser berücksichtigen und uns mehr Zeit für Kulturelles nehmen. Damit wir ein Museum oder eine Kirche auch einmal gemeinsam besuchen können, kommt uns die Idee, nur jeden zweiten Tag weiterzuwandern und den jeweiligen Zwischentag für Muße, Besichtigungen oder für spezielle Fotoaufnahmen zu nutzen.

Vor lauter Planerei bekommen wir Hunger. Das kleine Kärtchen auf dem Tisch empfiehlt heute *Saucisses de Canard et Aligot*. Entenwürstchen klingt gut, aber was ist *Aligot*? Wir bestellen das Menü, schließlich sind wir inzwischen mehr als geübt im Lassen-Sie-sich-überraschen!

Wir warten – haben Hunger – wir warten. Während wir überlegen, ob sie die Enten erst noch schießen müssen, suche ich *Aligot* im Wörterbuch. Doch wie schon bei den meisten Pilzsorten, versagt es auch diesmal. Endlich kommt das Aligot. Es sieht aus wie Kartoffelbrei, hat aber eine ganz andere Konsistenz, schmeckt nach viel Käse und nach noch mehr Kalorien – entgegen meinen sonstigen Gewohnheiten google ich neugierig während des Essens und werde fündig:

Traditionelles, sättigendes Püree der Schäfer des Aubrac, bestehend aus Kartoffeln, Crème fraîche, Butter, Tomme de L'Aubrac. Muss immer frisch zubereitet und sofort gegessen werden. Aha! Darum mussten wir also so lange warten und auch meine Meinung bestätigt sich: Wir essen Kalorien mit Geschmack, doch das stört uns nicht, haben wir ohnehin auf der Tour abgenommen und können mit gutem Gewissen schlemmen. Später entdecke ich auf einer Postkarte ein Rezept für vier Personen:

Zutaten
1 kg Kartoffeln
500 g Tomme-Käse
200 g Crème fraîche
200 g Butter
1 Knoblauchzehe
Salz, Pfeffer

Zubereitung

Kartoffeln schälen, in gleichgroße Stücke schneiden und in Salzwasser, je nach Größe, 20–30 min. kochen. Währenddessen den Käse in feine Scheiben schneiden (nicht reiben!).

Sobald die Kartoffeln gekocht sind, abgießen und möglichst heiß zu Kartoffelbrei stampfen und anschließend auf schwache Flamme stellen – den fein gehackten Knoblauch sowie die Butter und Crème fraîche unterrühren.

Unter kräftigem Rühren den Käse einarbeiten und dabei immer in die gleiche Richtung rühren. Sobald es eine homogene Masse ist, die sich wie ein Band ziehen lässt, ist der Aligot fertig.

Gleich servieren, nicht warten!

Anmerkung: Beim Aligot ist das Fleisch die Beilage!

Während wir die Köstlichkeit genießen, planen wir bereits einen Stevenson-Abend für die Freunde zu Hause – mit *Aligot* und Lammbraten, Karotten-Orangen-Gemüse (Anettes Spezialität und für den Bezug zu unseren möhrenfressenden Eseldamen). Dabei kommt uns die Idee, doch einmal unser eigenes Rezept zum Glücklichsein aufzuschreiben; schließlich schulde ich auch Coquelicot noch eine Antwort.

„Liebe Coquelicot,

hier kommt mein ganz persönliches Rezept zum Glücklichsein:
Mensch nehme zu gleichen Teilen:

- Eine große Portion Frei-Raum
- Eine große Portion Wärme von Freunden und Familie, gemischt mit viel Liebe aus dem eigenen Herzen
- Eine große Portion Zeit für die wesentlichen Dinge im Leben: Gesundheit und Spiritualität
- Ein spannendes Projekt, eine kreative Aufgabe, sei es im Beruf oder privat – eine wirklich sinn-volle Tätigkeit
- Verflechte alles gut miteinander – ich weiß, das ist eine Kunst –, und bestreiche es mit einer Mischung aus Sicherheit, Frieden und Vertrauen.
- Würze mit einer Prise Humor, einer Prise Abenteuer und garniere zum Abschluss mit einem Sträußchen persönlichem Luxus.

Nota bene!
Nicht immer sind alle Zutaten vorhanden – so muss mensch kreativ sein, fehlende Zutaten ausgleichen, sie suchen, finden und natürlich auch das kleine Glück schätzen lernen. Auch ist die Haltbarkeit der Kreation leicht vergänglich – daher muss mensch sich jeden Tag immer wieder neu an die Herstellung machen und das Ganze frisch zubereiten ...

Cordialement
Karin"

Wichtiges
und Nützliches

Merci beaucoup

Merci beaucoup ... Anette, du bist eine Freundin, die durch dick und dünn geht, mit der ich nicht Pferde stehlen, aber Esel leihen kann ... und das ist weitaus besser!

Merci beaucoup ... euch beiden wunderbaren Langohren, Wapa und Coquelicot, für eure Geduld mit uns und euren ganz besonderen Eigensinn!

Merci beaucoup ... an all die Menschen unterwegs, mit einem freundlichen Gruß, mit einem Lächeln im Gesicht, mit einer helfenden Hand!

Merci beaucoup ... dem sorriso Verlag mit seinem Team: Herzlichkeit und Achtsamkeit, professionelles Wissen und Können und eine Portion sprühende Kreativität arbeiten hier zusammen – ohne euch wäre dieses Buch wohl nie fertig geworden! Mein besonderer Dank gilt:

Karen Christine Angermayer ... für die leidenschaftliche Liebe zum Buch und für den wertschätzenden Umgang mit Autorinnen und Autoren

Ulrike Brandt-Schwarze ... für den Scharfblick und die Sorgfalt beim Lektorieren, für das herzliche Lachen und die Liebe zum Detail

Markus Bühler ... für die technische Kompetenz und den Blick fürs Wesentliche

Susanne ... für die Ausdauer bei der Suche nach dem „richtigen" Esel.

Merci beaucoup ... dem Verlag hohesufer.com für die Möglichkeit, all die Stevenson-Zitate abdrucken zu dürfen. (Robert Louis Stevenson: Reise mit einem Esel durch die Cevennen. Neu übersetzt sowie mit einem Anhang und Anmerkungen versehen von Hans-Joachim Polleichtner, Hannover 2009, ISBN 978-3-941513-02-0)

Merci beaucoup ... dem Piper Verlag, aus „Muscheln am Weg" von Carmen Rohrbach mehrere Zitate übernehmen zu dürfen.

Euch allen ein Lächeln von Herzen ...

Nützliche Tipps rund ums Wandern mit Eseln

Haben Sie Erfahrung im Umgang mit Eseln oder zumindest mit Pferden? Wenn nicht, buchen Sie zunächst einen Schnupperkurs, bei dem Sie einen erfahrenen Esel-Guide an der Seite haben, eingelernt werden und Erfahrungen sammeln können.

Wenn Sie einen Esel ausleihen wollen, fragen Sie den Verleiher nach Equidenpass und Versicherung (wichtig im Falle von Krankheit, Unfall, Diebstahl oder Verlaufen des Tieres).

Schauen Sie sich die Esel und das Sattelzeug genau an – sind die Esel gepflegt, gut genährt, die Hufe in Ordnung? Ist das Sattelzeug in gutem Zustand und auch passend für das jeweilige Tier?

Stellen Sie sich auf langsames Wandern ein, reduzieren Sie Ihr Gepäck.

Planen Sie Ihre Etappen vorausschauend. Bedenken Sie bei mehrtägigen Wanderungen, dass auch Esel ein Recht auf Feierabend und freie Tage haben.

Wenn Sie einen Hund mit auf die Eseltour nehmen wollen, fragen Sie vorher den Eselbesitzer.

Literaturführer – (m)eine kleine Auswahl

- Behl, Silke; Gerberding, Eva (2008): Literarische Grandhotels der Schweiz. Zürich/Hamburg: Arche.
- Debrunner, Albert M. (2008): Literaturführer Thurgau. Frauenfeld, Stuttgart, Wien: Huber.
- Debrunner, Albert M. (2011): Literarische Spaziergänge durch Basel. Frauenfeld, Stuttgart, Wien: Huber.
- Hächler, Beat (Hg.) (2000): Das Klappern der Zoccoli. Literarische Wanderungen im Tessin. Zürich: Rotpunkt.
- Hammes, Manfred (2008): Erzähl mir vom Süden … Eine literarische Reise durch Languedoc, Provence und Côte d'Azur. Heidelberg: Wunderhorn.
- Heißerer, Dirk (1999): Meeresbrausen Sonnenglanz. Poeten am

Gardasee. Kreuzlingen, München: Hugendubel.

- Kosch, Arlette (2002): Literarisches Zürich. Der Dichter und Denker Stadtplan. Berlin: Verlag Jena.
- Polk, Milbry; Tiegreen, Mary (2004): Frauen erkunden die Welt. München: Frederking & Thaler.
- Rieger, Michael (2011): „Man reist ja nicht, um anzukommen ...“ Schriftsteller auf Reisen von Goethe bis Chatwin. Darmstadt: Lambert Schneider.
- Rühle, Arnd (2009): Mit Goethe reisen. Goethes Orte; ein Alphabet des Reiselebens. Frankfurt am Main: Insel (Insel-Taschenbücher, 3250).
- Schiller, Doris; Schiller, Dieter (1990): Literaturreisen Bodensee. Stuttgart: E. Klett (Literaturreisen).
- Schüpbach, Hans (2002): LiteraTour durch die Schweiz. Stippvisiten und Wanderungen zu Schweizer Schauplätzen der Weltliteratur. Thun: Ott (Ott-Spezial-Wanderführer).
- Sonnentag, Stefanie (2003): Spaziergänge durch das literarische Capri und Neapel. Zürich, Hamburg: Arche.
- Stokar, Adrain (2011): Dem Süden verschwistert. Literarische Wanderungen am Oberengadin. Zürich: Rotpunkt.
- Straub, Wolfgang (2007): Literarischer Führer Österreich. Mit Abbildungen, Karten und Registern. Frankfurt am Main: Insel (Insel-Taschenbücher, 3277).
- Vollenweider, Alice (1993): Literarischer Reiseführer durch die heutige Schweiz. Berlin: Klaus Wagenbach.

Schreib' draußen

Schreibspaziergänge. Frische Impulse für den eigenen Schaffensprozess. In: Federwelt – Zeitschrift für Autorinnen und Autoren. Heft 4/2014.

Schreibspaziergänge. Frische Impulse, auch wenn's draußen friert. In: Federwelt – Zeitschrift für Autorinnen und Autoren. Heft 6/2014.

Schwind, Karin und Kölbl-Thiele, Lisa (2013): Hesse-Inspiration, ein Schreibspaziergang von Karin Schwind mit Aquarellen von Lisa Kölbl-Thiele. Wangen-Haslach: ISBN 978-3-00-043447-1.

Schwind, Karin und Kölbl-Thiele, Lisa (2014): Auf den Spuren der Annette von Droste-Hülshoff. Ein Schreibspaziergang von Karin Schwind mit Aquarellen und Zeichnungen von Lisa Kölbl-Thiele. Wangen-Haslach: ISBN 978-3-00-047810-9.

Schwind, Karin: Schreibtisch adé. Vom Schreiben in Kaffeehäusern, an Hafenmauern und anderen Orten. In TextArt – Magazin für Kreatives Schreiben. Heft 3/2014.

Über die Autorin

Auf den Spuren berühmter Schriftsteller wandern, dabei zur Ruhe kommen, wieder wachsam werden für Details und sich von Natur und Literatur gleichermaßen inspirieren lassen für das eigene Leben und Arbeiten ... Das alles macht Karin Schwind seit Jahren viel Freude.

Als wissenschaftliche Mitarbeiterin (PH Weingarten) und Lehrbeauftragte (FHS St. Gallen) unterrichtet sie wissenschaftliches und biografisches Schreiben. Als Schreibcoach begleitet sie Privatpersonen und beruflich Schreibende und deren Schreibprozess: damit Schreiben leichter von der Hand geht, Texte prägnanter werden und Schreibende ihren eigenen Stil finden ...

Karin lebt am Bodensee und leitet Seminare sowie „Schreibspaziergänge" in Deutschland und in der Schweiz.

www.schreibimpuls.de

Das Blog zum Buch finden Sie hier:

www.eselweisheit.de

Quellenverzeichnis

1. Robert Louis Stevenson (2009): Reise mit einem Esel durch die Cevennen. Neu übersetzt sowie mit einem Anhang und Anmerkungen versehen von Hans-Joachim Polleichtner, Hannover: hohesufer.com, S. 7 (Erstausgabe 1879).
2. Ebd., S. 12.
3. Ebd., S. 12.
4. Gefunden in: Bernd Herrmann (Hg.) (2010): Beiträge zum Göttinger Umwelthistorischen Kolloquium 2009 – 2010. Göttingen: Universitätsverlag, S. 51.
5. Coquelicot sprich: Kocklikoh.
6. Simone de Beauvoir (2008): In den besten Jahren. 30. Aufl. Hamburg: Rowohlt, S. 88 (Erstausgabe 1961).
7. Stevenson Association, online unter http://chemin-stevenson.org/en/.
8. Robert Louis Stevenson, a.a.O. S. 88.
9. Ebd., S. 47.
10. Ebd., S. 92.
11. Ebd., S. 174.
12. Ebd., S. 10.
13. Ebd., S. 22
14. Carmen Rohrbach (2002): Muscheln am Weg. Mit dem Esel auf dem Jakobsweg durch Frankreich. München: Frederking & Thaler, S. 10.
15. Ebd., S. 85.
16. Hermann Hesse (2001): Das Glasperlenspiel. Frankfurt: Suhrkamp.
17. Carmen Rohrbach, a.a.O. S. 85.
18. Robert Louis Stevenson, a.a.O. S. 172.
19. Ebd., S. 174.
20. Ebd., S. 89.
21. Carmen Rohrbach, a.a.O. S. 178.
22. Robert Louis Stevenson, a.a.O. S. 47.
23. Georg Christoph Lichtenberg (1770/2011): Sudelbücher. Wiesbaden: Marixverlag, S. 20.
24. Ebd.
25. Martin Suter (1999): Small World. Zürich: Diogenes, S. 7.
26. Hilde Domin (1974): Nur eine Rose als Stütze. Frankfurt: S. Fischer, S. 45.
27. Ebd.
28. Robert Louis Stevenson, a.a.O. S. 47.
29. Ebd. S. 13f.
30. Ralf Nestmeyer (2005): Französische Dichter und ihre Häuser. Frankfurt: Insel, S. 78.
31. Gefunden in: Albert M. Debrunner (2011): Literarische Spaziergänge durch Basel. Frauenfeld, Stuttgart, Wien: Huber, S. 87 [das Spalentor ist ein ehemaliges Stadttor von Basel].
32. Gefunden in: Manfred Hammes (2008): Erzähl mir vom Süden … Ein literarischer Reiseführer durch den französischen Midi. Heidelberg: Wunderhorn, S. 83.
33. Julia Cameron (2001): Der Weg des Künstlers im Beruf. Das 12-Wochen-Programm zur Steigerung der Kreativität. München: Droemersche Verlagsanstalt, S. 110.
34. Gefunden in: Rolf-Bernhard Essig (2007): Schreiberlust & Dichterfrust. Kleine Gewohnheiten und große Geheimnisse der Schriftsteller. München: Hanser, 2007, S. 45.
35. Christa und Emil Zopfi (1997): Wörter mit Flügeln. 2. Aufl. Bern: Zytglogge, S. 81.
36. Ulrike Scheuermann (2011): Das Leben wartet nicht. 7 Schritte zum Wesentlichen. München: Knaur MensSana.

37. Hubert Klingenberger (2007): Lebenslauf. 365 Schritte für neue Perspektiven. München: Don Bosco, S. 71.
38. Rolf-Bernhard Essig, a.a.O. S. 47.
39. Gefunden in: Michael Reinbold (1995): Robert Louis Stevenson. Hamburg: Rowohlt, S. 77.
40. Robert Louis Stevenson, a.a.O. S. 46.
41. Ebd., S. 55.
42. Ebd., S. 53f.
43. Ebd., S. 51.
44. Ebd., S. 54.
45. Ilma Rakusa (2008): Langsamer! 5. Aufl. Graz, Wien: Literaturverlag Droschl, S. 48f.
46. Carmen Rohrbach, a.a.O. S. 123.
47. Henry David Thoreau (2009): Walden oder Leben in den Wäldern. Köln: Anaconda, S. 135f. (Erstausgabe 1854).
48. Ilma Rakusa, a.a.O. S. 34.
49. Robert Louis Stevenson, a.a.O. S. 85.
50. Henry David Thoreau, a.a.O. S. 167.
51. Hermann Hesse (1996): Wanderungen. Frankfurt am Main, Leipzig: Suhrkamp, S. 61.
52. Robert Louis Stevenson, a.a.O. S. 174.
53. Lutz von Werder, Barbara Schulte-Steinicke, Brigitte Schulte (2011): Die heilende Kraft des Schreibens. Ostfildern: Patmos, S. 15-16.
54. Carmen Rohrbach, a.a.O. S. 103.
55. Henry David Thoreau, a.a.O. S. 110.
56. Julia Cameron, a.a.O. S. 19-41.
57. Robert Louis Stevenson, a.a.O. S. 122.
58. Ebd., S. 116.
59. Véronique Kämper (2011): Frankreich: Cevennen-Stevensonweg GR 70. Welver: Conrad Stein, S. 127.
60. Julia Cameron (2003): Von der Kunst des Schreibens und der spielerischen Freude, Worte fließen zu lassen. München: Droemersche Verlagsanstalt, S. 101f.
61. Alexandre Dumas (2002): Aus dem Wörterbuch der Kochkünste. München: dtv, S. 57.
62. Robert Louis Stevenson, a.a.O. S. 122.

fourpeople gmbh

Wir bauen Eselsbrücken zwischen Mensch und Technik,

- damit Anleitungen aller Art für Kunden wirklich verständlich sind – das spart Nerven und freut Benutzer

- damit unsere ÜbersetzerInnen Internationale Technische Dokumentation präzise und effizient in alle gewünschten Sprachen übersetzen können – das spart Zeit und Geld und freut unsere Projektpartner

- damit Sprache und Technik funktionieren und dem Menschen dienen

- damit jeder Mensch seine individuellen Brücken zur Technik findet – das macht Dokumentation zur Freude

Bauen Sie mit uns Ihre Brücken.

fourpeople® gmbh   Krummgasse 6   D-88131 Lindau
Tel +49 (0) 83 82/277 299-0   Fax +49 (0) 83 82/277 299-55
www.fourpeople.de   www.facebook.com/Fourpeople.Lindau

Effizient ... anleiten
beschreiben
vermitteln
lehren

Eseltouren am Bodensee

www.eseltouren-am-bodensee.de

„Verschiebe nichts. Lebe deinen Traum – jetzt!"

Hand in Hand lernen sie, ein Leben und eine Liebe ohne Grenzen zu leben.

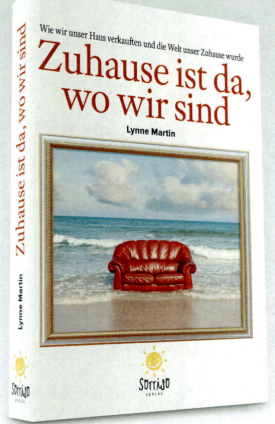

Mit über 70 noch einmal alles loslassen, was einem lieb und teuer ist? Einfach aufgeben, was Jahrzehnte lang Sicherheit und Komfort geboten hat? Lynne und Tim Martin haben einen Traum: ihr Haus zu verkaufen und für den Rest ihres Lebens die Welt zu bereisen. Frei sein, das wollen sie, nachdem das Leben die beiden nach 35 Jahren noch einmal zusammen geführt hat.

Autorin:
Lynne Martin

Umfang:
ca. 370 Seiten

Format:
148 x 210 mm

D: € 19,95

- *Ein inspirierendes Buch über den Mut, sich in jedem Lebensalter seinen größten Traum zu erfüllen*

- *Mit einem Vorwort der Autorin extra für die deutschen Leserinnen und Leser über ihren vierwöchigen Aufenthalt in Berlin*

Für Clay ist Surfen mehr als Passion, Lifestyle oder Zeitvertreib.

Es ist seine Gabe. Es hält ihn am Leben.

Die bewegende Geschichte vom Aufstieg eines jungen Mannes
mit der Diagnose Asperger an die Weltspitze des Surf-Sports.

Autoren:
Clay Marzo &
Robert Yehling

Umfang:
ca. 200 Seiten

Format:
148 x 210 mm

D: € 24,95

Clay Marzo
Robert Yehling

Die *Welle* meines *Lebens*

Meine Diagnose: Asperger
Meine Gabe: Surfen
Mein Zuhause: der Ozean

sorriso
VERLAG

Mit beeindruckenden Farb-Fotos von Clay in Aktion auf den Wellen

Originalzitate von Clays Familie und internationalen Surf-Profis

Inspiration für alle Menschen, die auf der Suche nach ihrem Element sind

leichter schreiben und leben.

Kennst Du schon unseren colibri...

der Dich regelmäßig inspiriert, informiert und Dir ein Lächeln ins Gesicht zaubert?

Hier geht´s zur Anmeldung:
www.sorriso-verlag.com/newsletter

Du bist Autor/in und brauchst kreative Hilfe?

Du willst ein ganzes Buch schreiben oder ein Exposé, das Verlage/Agenten begeistert und Dir die Türen in die Branche öffnet? Dann kontaktiere uns für Dein **kostenfreies 15minütiges Erstgespräch** am Telefon!

Dieser Service ist unabhängig von unserem Verlagsprogramm – Du und Dein Buch, Ihr seid uns wichtig, wir wollen, dass Ihr raus in die Welt kommt!

Mehr Infos und Terminvereinbarung unter: info@sorriso-verlag.com

sorriso

VERLAG